W0349272

DR. OETKER

SALATE

frisch, knackig & deftig

DR. OETKER

SALATE

frisch, knackig & deftig

Dr. Oetker Verlag

Vorwort

Salat-Fans aufgepasst: Hier kommen Sie voll auf ihre Kosten. Wir haben für jeden Geschmack und jeden Anlass das passende Rezept. Von knackig-frischen Gemüse- und Blattsalaten über kräftige und leichte Nudel-, Kartoffel- und Reissalate, deftige und feine Salate mit Fleisch, Wurst, Fisch und Meeresfrüchten bis hin zu leckeren Käse- und Eiersalaten. Da bleiben keine Wünsche offen.

Ob als appetitanregende Vorspeise, herzhafte Beilage, kleine Zwischenmahlzeit oder gesunde Hauptmahlzeit – unsere leckeren Rezepte versprechen Genuss satt!

Abkürzungen

EL = Esslöffel
TL = Teelöffel
Msp. = Messerspitze
Pck. = Packung/Päckchen
g = Gramm
kg = Kilogramm
ml = Milliliter
l = Liter
evtl. = eventuell
geh. = gehäuft
gestr. = gestrichen
TK = Tiefkühlprodukt
°C = Grad Celsius
Ø = Durchmesser
E = Eiweiß
F = Fett
Kh = Kohlenhydrate
kcal = Kilokalorien
kJ = Kilojoule

Hinweise zu den Rezepten

Die Rezepte sind, soweit nicht anders vermerkt, für 4 Personen. Lesen Sie vor der Zubereitung das Rezept einmal vollständig durch. Oft werden Arbeitsabläufe oder -zusammenhänge dann klarer.

Zubereitungszeiten

Die Zubereitungszeit ist ein Anhaltswert für die Zeit für Vorbereitung und die eigentliche Zubereitung (einschließlich Garzeiten). Wartezeiten wie z. B. Abkühl-, Einweich- und Durchziehzeiten sind nicht einbezogen.

Kapitelübersicht

Kapitelübersicht

Salate mit Gemüse & Blattsalaten

Melonen-Gurken-Salat

Zutaten

½ Charantais-Melone
(etwa 600 g)
1 Salatgurke
300 g Tomaten

Für die Sauce:
2–3 EL Zitronensaft
Salz
frisch gemahlener Pfeffer
4 EL Olivenöl

½ Topf Basilikum

Zubereitungszeit:
40 Minuten, ohne Durchziehzeit

Pro Portion:
E: 2 g, F: 10 g, Kh: 11 g, kJ: 647, kcal: 153

RAFFINIERT

1 Melone mit Hilfe eines Löffels entkernen, in Spalten schneiden und schälen. Die Melonenspalten quer in Scheiben schneiden. Gurke waschen, abtrocknen, der Länge nach halbieren, mit Hilfe eines Teelöffels entkernen und in Scheiben schneiden.

2 Tomaten waschen, abtrocknen, die Stängelansätze herausschneiden und Tomaten in Spalten schneiden. Die Salatzutaten in eine Schüssel geben.

3 Für die Sauce Zitronensaft mit Salz und Pfeffer verrühren. Öl unterschlagen. Die Salatzutaten mit der Sauce mischen.

4 Basilikum kalt abspülen, trockentupfen, die Blättchen von den Stängeln zupfen, in Streifen schneiden und unter den Salat mischen. Den Salat etwa 15 Minuten durchziehen lassen.

5 Den Salat vor dem Servieren nochmals mit Salz und Pfeffer abschmecken.

Tipp: *Als Vorspeise die halbe Menge Salat zubereiten und mit 8 Scheiben luftgetrocknetem Schinken oder einigen Scheiben Schafkäse servieren.*
Die Charantais-Melone gehört zu den Zuckermelonen. Sie können ersatzweise auch dieselbe Menge einer Galia-, Kantalup- oder Honigmelone verwenden.

Bunter Gemüsesalat

Zutaten

500 g weißer Spargel
Salzwasser
10 g Butter
etwas Zucker
200 g Zuckerschoten
1 Bund kleine Möhren
1 kleine Salatgurke

Für die Sauce:
3 Schalotten oder 1 mittelgroße Zwiebel
1 rote Peperoni (aus dem Glas)
1 TL Kapern (aus dem Glas)
2 EL Weinessig
1 EL Rotwein
Salz
frisch gemahlener Pfeffer
etwas Zucker
3 EL Olivenöl
1 EL gehackte Kräuter, z. B. Dill, Petersilie

Zubereitungszeit:
50 Minuten

Pro Portion:
E: 5 g, F: 10 g, Kh: 16 g,
kJ: 770, kcal: 183

FÜR GÄSTE

1 Spargel waschen, von oben nach unten schälen, dabei darauf achten, dass Schalen und holzige Stellen völlig entfernt, die Köpfe aber nicht verletzt werden und die Enden abschneiden.

2 Salzwasser mit Butter und Zucker zum Kochen bringen, den Spargel hineingeben und in etwa 8 Minuten bissfest kochen. Den Spargel in ein Sieb geben, mit kaltem Wasser übergießen und abtropfen lassen.

3 Zuckerschoten putzen, waschen und die Enden abschneiden. Die Zuckerschoten in Salzwasser etwa 8 Minuten bissfest garen, mit Hilfe eines Schöpflöffels in eiskaltes Wasser geben, dann in ein Sieb geben und abtropfen lassen.

4 Von den Möhren das Grün entfernen, die Möhren schälen, waschen und in Salzwasser in etwa 10 Minuten bissfest kochen. Die Möhren abtropfen lassen.

5 Gurke waschen, abtrocknen und die Enden abschneiden. Die Gurke längs halbieren, nach Belieben entkernen und in Scheiben schneiden. Die vorbereiteten Zutaten auf einer Platte anrichten.

6 Für die Sauce Schalotten oder Zwiebel abziehen und fein würfeln. Peperoni abtropfen lassen, entkernen und in Ringe schneiden. Kapern abtropfen lassen und fein hacken.

7 Die 3 Zutaten mit Essig, Wein, Salz, Pfeffer und Zucker verrühren. Öl unterschlagen. Die Kräuter unterrühren. Die Sauce über die Salatzutaten gießen.

Tipp: *Die Salatsauce eignet sich auch gut für Blattsalate.*

Tomatenschüssel Gerona

Zutaten

800 g Tomaten
3 mittelgroße Zwiebeln

Für die Sauce:
2 Knoblauchzehen
2 hart gekochte Eier
3 EL Balsamico-Essig
1 EL Zucker
½ TL mittelscharfer Senf
Salz
frisch gemahlener Pfeffer
5 EL Speiseöl

75 g durchwachsener Speck
2–3 EL gehackte Basilikum-blättchen

Zubereitungszeit:
30 Minuten

Pro Portion:
E: 8 g, F: 29 g, Kh: 11 g,
kJ: 1456, kcal: 348

PREISWERT

1 Tomaten waschen, abtropfen lassen, kreuzweise einschneiden, kurz in kochendes Wasser legen und in kaltem Wasser abschrecken. Tomaten enthäuten, die Stängelansätze herausschneiden und Tomaten in Scheiben schneiden.

2 Zwiebeln abziehen und erst in sehr dünne Scheiben schneiden, dann in Ringe teilen. Die Zwiebelringe mit den Tomatenscheiben in einer Schüssel anrichten.

3 Für die Sauce Knoblauch abziehen und fein würfeln. Eier pellen und halbieren. Eiweiß in Würfel schneiden und beiseite stellen. Eigelb durch ein Sieb streichen. Essig mit Zucker, Senf, Salz und Pfeffer verrühren. Öl unterschlagen. Die Knoblauchwürfel und das durchgestrichene Eigelb unterrühren. Die Sauce über die Salatzutaten gießen.

4 Speck in kleine Würfel schneiden und in einer Pfanne ohne Fett knusprig braun braten. Die Speckwürfel auf Küchenpapier abtropfen lassen. Speck- und Eiweißwürfel mit Basilikum über den Salat streuen.

Abwandlung: *Für eine vegetarische Variante den Speck weglassen und einige entsteinte schwarze Oliven (nach Belieben in Ringe geschnitten) über den Salat streuen.*

Tipp: *Die Zwiebelringe werden etwas weicher, wenn Sie sie in dem Öl für die Salatsauce etwa 1 Stunde marinieren. Die Zwiebelringe dann herausnehmen und das Öl für die Sauce verwenden.*

Bunter Rohkostsalat

Zutaten

200 g kleine Strauchtomaten
1 Zucchini (etwa 350 g)
1 Bund Radieschen
200 g Sojabohnensprossen
250 g Champignons
2 EL Olivenöl
1 EL Zitronensaft

Für die Sauce:
1 Becher (150 g) Crème fraîche
4 EL Schlagsahne
1 EL Sherryessig
Salz
frisch gemahlener Pfeffer
etwas Zucker
2 EL gehackte Kräuter, z. B. Kerbel, Estragon, Basilikum

Zubereitungszeit:
55 Minuten

Pro Portion:
E: 6 g, F: 31 g, Kh: 11 g,
kJ: 1493, kcal: 357

DAUERT LÄNGER

1 Tomaten waschen, abtropfen lassen, kreuzweise einschneiden, kurz in kochendes Wasser legen und in kaltem Wasser abschrecken. Tomaten enthäuten, die Stängelansätze herausschneiden und Tomaten achteln.

2 Zucchini waschen, abtrocknen, die Enden abschneiden und Zucchini mit einem Messer, Sparschäler oder einer Aufschnittmaschine längs in dünne Scheiben schneiden. Radieschen putzen, waschen und in Scheiben schneiden.

3 Sojabohnensprossen verlesen, in ein Sieb geben, kalt abspülen und abtropfen lassen. Champignons putzen, mit Küchenpapier abreiben, evtl. abspülen, in Scheiben schneiden und mit Öl und Zitronensaft beträufeln. Die vorbereiteten Zutaten auf Tellern oder einer großen Platte anrichten.

4 Für die Sauce Crème fraîche mit Sahne und Essig verrühren und mit Salz, Pfeffer und Zucker würzen. Kräuter unterrühren. Die Sauce über die Salatzutaten geben und sofort servieren.

Tipp: *Der Rohkostsalat schmeckt lecker zu kurz gebratenem oder gegrilltem Fleisch.*
Anstelle der frischen Kräuter können Sie auch TK-Basilikum oder eine TK-Kräutermischung verwenden.

Abwandlung: *Rohkost eignet sich auch gut zum Dippen. Für eine* ***Rohkostplatte mit Frischkäsedip*** *z. B. 1 kleines Bund Möhren, 2 Paprikaschoten, 1 kleine Salatgurke, 3 mittelgroße, feste Tomaten und 1 Kohlrabi vorbereiten, in etwa fingerlange Stifte (Tomaten in Spalten) schneiden und auf einer Platte anrichten. Für den Dip 200 g Frischkäse mit 100 ml Milch verrühren und mit Salz, Pfeffer und Cayennepfeffer würzen.*
2 Esslöffel gemischte, gehackte Kräuter unterrühren. Den Dip zu der Rohkostplatte reichen.

Rettich-Rote-Bete-Salat

Zutaten

Foto

500 g Rettich
1 Rote Bete (200 g)

Für die Sauce:
3 EL weißer Balsamico-Essig
Salz, Pfeffer
1–2 TL flüssiger Honig
4–5 EL Walnussöl

50 g Walnusskerne
1 Bund Rauke (150 g)

Zubereitungszeit:
30 Minuten, ohne Durchziehzeit

Pro Portion:
E: 4 g, F: 21 g, Kh: 11 g,
kJ: 1063, kcal: 255

1 Rettich schälen, waschen und abtropfen lassen. Rote Bete gründlich waschen und schälen. Beide Zutaten auf dem Gemüsehobel in feine Streifen hobeln und in einer Schüssel mischen.

2 Für die Sauce Essig mit Salz, Pfeffer und Honig verrühren. Öl unterschlagen. Die Sauce unter die Gemüsestreifen mischen. Den Salat mindestens 30 Minuten durchziehen lassen.

3 Walnusskerne hacken oder in Scheiben schneiden. Rauke putzen, waschen, trockenschleudern und in kleine Stücke zupfen. Rauke unter die Gemüsestreifen heben. Den Salat mit Walnusskernen bestreuen.

Tipp: *Verarbeiten Sie die Rote Bete am besten mit Gummihandschuhen, da Rote Bete stark färbt.*
Der Salat lässt sich auch mit eingelegten Rote-Bete-Scheiben oder -Streifen aus dem Glas zubereiten. Dann die Essigmenge für die Sauce reduzieren.

Warmer Wirsingsalat

Zutaten

½ Kopf Wirsing (500 g)
150 g Staudensellerie
je ½ rote, grüne, gelbe Paprikaschote
4 EL Olivenöl
100 ml Gemüsebrühe
Salz, Pfeffer
gemahlener Kreuzkümmel (Cumin)

Für die Sauce:
½ Bund Minze
300 g Naturjoghurt
1 EL Olivenöl

1 Von dem Wirsing die groben äußeren Blätter lösen, die Wirsinghälfte halbieren und den Strunk herausschneiden. Den Kohl abspülen, abtropfen lassen und in feine Streifen schneiden.

2 Staudensellerie putzen, waschen, die harten Außenfäden abziehen und die Stangen in feine Scheiben schneiden.

3 Paprikahälften entstielen, entkernen, die weißen Scheidewände entfernen, die Schoten waschen und in feine Streifen schneiden.

4 Öl in einem Topf erhitzen. Wirsingstreifen und Selleriescheiben darin etwa 10 Minuten bei schwacher Hitze unter gelegentlichem Rühren dünsten.

(Fortsetzung Seite 18)

Zubereitungszeit:
50 Minuten, ohne Abkühlzeit

Pro Portion:
E: 7 g, F: 16 g, Kh: 11 g,
kJ: 928, kcal: 222

VEGETARISCH

5 Paprikastreifen und Gemüsebrühe dazugeben, einmal aufkochen lassen und den Topf von der Kochstelle nehmen. Das Gemüse mit Salz, Pfeffer und Kreuzkümmel würzen und etwas abkühlen lassen.

6 Für die Sauce die Minze kalt abspülen, trockentupfen, die Blättchen von den Stängeln zupfen, einige zum Garnieren zurücklassen und die restlichen hacken. Joghurt mit Öl, gehackter Minze, Salz und Pfeffer verrühren.

7 Den lauwarmen Wirsingsalat auf Teller verteilen und die Sauce darauf geben. Den Salat mit den zurückgelassenen Minzeblättchen garnieren.

Exotischer Tomatensalat

Zutaten

Foto

- 2 reife Mangos (je 350 g)
- 6 Tomaten (500 g)
- 1 Topf Koriander
- 40 g gesalzene, geröstete Cashewkerne

Für die Sauce:
- 3 EL Limetten- oder Zitronensaft
- 1 EL Zucker
- Salz, Pfeffer
- 6 EL Olivenöl

Zubereitungszeit:
40 Minuten, ohne Durchziehzeit

Pro Portion:
E: 4 g, F: 21 g, Kh: 29 g,
kJ: 1395, kcal: 334

RAFFINIERT

1 Mangos halbieren und das Fruchtfleisch mit der Schale an beiden Seiten vom Stein schneiden. Die Mangohälften der Länge nach halbieren. Das Fruchtfleisch mit einem Messer von der Schale lösen und quer in Scheiben schneiden.

2 Tomaten waschen, abtrocknen, die Stängelansätze herausschneiden und die Tomaten in Scheiben schneiden. Koriander kalt abspülen, trockentupfen, die Blättchen von den Stängeln zupfen und grob hacken. Cashewkerne ebenfalls grob hacken.

3 Die Tomaten- und Mangoscheiben abwechselnd dachziegelartig auf einer Platte anrichten.

4 Für die Sauce Limetten- oder Zitronensaft mit Zucker, Salz und Pfeffer verrühren. Öl unterschlagen. Die Sauce auf die Tomaten- und Mangoscheiben träufeln.

5 Koriander und Cashewkerne darüber streuen. Den Salat bis zum Verzehr mindestens 10 Minuten stehen lassen.

Tipp: *Als Salat für ein Buffet reichen die angegebenen Zutaten für 6–8 Portionen. Wenn Sie den Salat einige Stunden vor dem Verzehr zubereiten, die Cashewkerne erst kurz vor dem Servieren darauf streuen. So bleiben sie knackiger.*

Französischer Selleriesalat

Zutaten

600 g Staudensellerie
1 Kopf Lollo Rosso

Für die Sauce:
1 Knoblauchzehe
2 EL Rotweinessig
1 EL mittelscharfer Senf
Salz
etwas Zucker
frisch gemahlener Pfeffer
6 EL Walnussöl

Für die Croûtons:
4 Scheiben Weißbrot
40 g Butter

Zubereitungszeit:
35 Minuten, ohne Durchziehzeit

Pro Portion:
E: 5 g, F: 20 g, Kh: 8 g, kJ: 877, kcal: 210

VEGETARISCH

1 Staudensellerie putzen, waschen, die harten Außenfäden abziehen und die Stangen quer in dünne Scheiben schneiden. Lollo Rosso putzen, waschen und trockenschleudern.

2 Für die Sauce Knoblauch abziehen und durch die Knoblauchpresse drücken. Essig mit Senf, Salz, Zucker, Pfeffer und Knoblauch verrühren. Öl unterschlagen. Die Selleriescheiben mit der Sauce mischen und etwas durchziehen lassen.

3 Für die Croûtons Weißbrot nach Belieben entrinden und in kleine Würfel schneiden. Butter in einer Pfanne zerlassen. Die Brotwürfel darin unter Wenden goldbraun rösten und etwas abkühlen lassen.

4 Den Lollo Rosso auf eine Platte oder einen Teller geben und die Staudenselleriescheiben darauf anrichten, dabei die Sauce auch auf den Salatblättern verteilen.

5 Den Salat mit den Croûtons bestreut servieren.

Tipp: *Nach Belieben das zarte Selleriegrün waschen, trockentupfen, fein schneiden und unter den Salat mischen.*
Der Salat schmeckt auch lecker, wenn Sie zusätzlich 2 Orangen filetieren und die Filets vor dem Servieren vorsichtig unter die Selleriescheiben heben.

Abwandlung: *Der Salat schmeckt auch gut, wenn Sie zusätzlich einige Scheiben Parmaschinken darauf anrichten.*

Bunter Blattsalat

1 Für die Sauce Schalotte und Knoblauch abziehen und fein würfeln. Schalotten- und Knoblauchwürfel mit Essig und Senf verrühren. Öl unterschlagen, so dass eine cremige Sauce entsteht. Die Sauce mit Salz und Pfeffer würzen.

2 Radicchio und Friséesalat putzen, waschen und trockenschleudern. Friséesalat in Stücke zupfen. Löwenzahn verlesen, waschen und ebenfalls trockenschleudern. Chicorée von schlechten Blättern befreien, waschen und abtropfen lassen. Den Kolben halbieren, den bitteren Strunk keilförmig herausschneiden und Chicorée in einzelne Blätter teilen.

3 Frühstücksspeck in sehr feine Streifen schneiden und in einer Pfanne ohne Fett bei schwacher Hitze knusprig braten.

4 Die vorbereiteten Zutaten auf Tellern anrichten. Die Sauce darauf verteilen.

5 Den heißen Speck mit dem ausgebratenen Fett darüber geben und den Salat sofort servieren.

Tipp: *Sie können nach Belieben auch alle Blattsalate in Stücke zupfen und in einer Schüssel mit der Sauce gut vermengen. Zum Schluss Speck und Speckfett darüber verteilen.*

Abwandlung: *Je nach Jahreszeit können Sie die Salatzutaten auch variieren, denn die Sauce schmeckt auch zu Feldsalat, Spinatblättern oder Lollo Rosso.*

Zutaten

Für die Sauce:
1 Schalotte
1 Knoblauchzehe
3 EL Weinessig
1 TL mittelscharfer Senf
6 EL Walnussöl
Salz
frisch gemahlener Pfeffer

1 Kopf Radicchio (150 g)
1 kleiner Kopf Friséesalat (etwa 250 g, nur das Herzstück verwenden)
100 g Löwenzahnblätter
1 Kolben Chicorée
100 g Frühstücksspeck (Bacon)

Zubereitungszeit:
35 Minuten

Pro Portion:
E: 5 g, F: 35 g, Kh: 5 g,
kJ: 1517, kcal: 362

FÜR GÄSTE

Feldsalat mit Preiselbeersauce

Zutaten

Foto

150 g Feldsalat
2 Äpfel, z. B. Elstar
2 EL Zitronensaft
200 g Kasseler-Aufschnitt

Für die Sauce:
3 EL Preiselbeeren (aus dem Glas)
2 EL Himbeeressig
Salz, Pfeffer
2 EL Nussöl
2 EL Speiseöl

Zubereitungszeit:
25 Minuten

Pro Portion:
E: 12 g, F: 19 g, Kh: 10 g, kJ: 1161, kcal: 277

SCHNELL

1 Von dem Feldsalat die Wurzelenden abschneiden, schlechte Blätter entfernen, den Salat gründlich waschen und abtropfen lassen oder trockenschleudern.

2 Äpfel waschen, abtrocknen, vierteln und entkernen. Die Apfelviertel der Länge nach in dünne Spalten schneiden und sofort mit Zitronensaft beträufeln, damit sie nicht braun werden. Kasseler-Aufschnitt in feine Streifen schneiden.

3 Für die Sauce Preiselbeeren mit Himbeeressig, Salz und Pfeffer verrühren. Beide Ölsorten unterschlagen.

4 Feldsalat, Apfelspalten und Kasselerstreifen auf Tellern anrichten und mit der Sauce beträufeln.

Abwandlung: *Der Salat schmeckt auch gut, wenn Sie anstelle von Kasseler die gleiche Menge Schweinebraten- oder Roastbeef-Aufschnitt verwenden.*

Zwiebel-Apfel-Salat

Zutaten

1–2 Gemüsezwiebeln (etwa 600 g)
3 EL Speiseöl
2 TL Senfkörner
1 TL Kümmel, ganz
1 Bund Frühlingszwiebeln (250 g)
2 Äpfel (je 150 g)
4–5 EL Weißweinessig
1 EL Zucker
Salz, Pfeffer
½ Kopf Eichblattsalat

1 Gemüsezwiebeln abziehen, halbieren und in Scheiben schneiden. Öl in einem Topf erhitzen. Zwiebelscheiben, Senfkörner und Kümmel hineingeben und im geschlossenen Topf etwa 15 Minuten bei mittlerer Hitze dünsten, dabei zwischendurch ab und zu umrühren.

2 In der Zwischenzeit Frühlingszwiebeln putzen, waschen und schräg in dünne Ringe schneiden. Äpfel schälen, vierteln und entkernen. Die Apfelviertel in dünne Spalten schneiden und mit etwas von dem Essig beträufeln, damit sie nicht braun werden.

(Fortsetzung Seite 24)

Zubereitungszeit:
40 Minuten, ohne Abkühlzeit

Pro Portion:
E: 4 g, F: 10 g, Kh: 25 g,
kJ: 915, kcal: 218

EINFACH

3 Apfelspalten und Frühlingszwiebelringe unter die gegarten Zwiebeln mischen und alles im geschlossenen Topf auf der ausgeschalteten Kochstelle etwa 10 Minuten stehen lassen. Dann mit dem restlichen Essig, Zucker, Salz und Pfeffer würzen und erkalten lassen.

4 Eichblattsalat putzen, waschen, trockenschleudern und in mundgerechte Stücke zupfen. Die Salatblätter auf Teller oder auf eine Platte geben und den Zwiebel-Apfel-Salat darauf anrichten.

Cäsarsalat

Zutaten

Foto

200 g Weißbrot
40 g Butter
1 kleiner Kopf Eisbergsalat
200 g Putenbrust-Aufschnitt
60 g Parmesan-Käse

Für die Sauce:
1 kleine Knoblauchzehe
2 Eigelb (Größe M), ganz frisch
200 ml Olivenöl
2 EL Essig
Salz
frisch gemahlener Pfeffer

Zubereitungszeit:
30 Minuten

Pro Portion:
E: 17 g, F: 76 g, Kh: 28 g,
kJ: 3763, kcal: 899

KLASSISCH

1 Weißbrot nach Belieben entrinden und in Würfel schneiden. Butter in einer Pfanne zerlassen. Die Weißbrotwürfel darin anrösten, aus der Pfanne nehmen und erkalten lassen.

2 Eisbergsalat putzen, waschen, gut abtropfen lassen und in Streifen schneiden. Putenbrust-Aufschnitt in Streifen schneiden. Parmesan reiben.

3 Für die Sauce Knoblauch abziehen und durch die Knoblauchpresse drücken. Eigelb verschlagen. Öl nach und nach unterrühren. Dann Essig und Knoblauch unterrühren. Die Sauce mit Salz und Pfeffer würzen.

4 Eisbergsalat- und Putenbruststreifen mit Weißbrotwürfeln und Sauce mischen und mit Parmesan bestreut servieren.

Tipp: *Anstelle des Putenbrust-Aufschnitts 250 g Putenbrust unter fließendem kalten Wasser abspülen, trockentupfen und in dünne Streifen schneiden. 3 Esslöffel Speiseöl in einer Pfanne erhitzen, die Putenbruststreifen darin kross anbraten und auf Küchenpapier abtropfen lassen.*

Abwandlung: *Der Salat schmeckt auch gut mit einer* ***Joghurtsauce****. Dazu 150 g Naturjoghurt mit 1 Esslöffel Salatmayonnaise, etwas Currypulver, Salz und Pfeffer verrühren.*

Chinasalat

Zutaten

Foto

350 g Chinakohl
350 g Möhren
200 g Sojabohnensprossen
3 Frühlingszwiebeln

Für die Sauce:
3 EL Obstessig
2 EL Sojasauce
1 TL Sambal Oelek
etwas Zucker, Pfeffer
5 EL Sesamöl

Zubereitungszeit:
35 Minuten, ohne Durchziehzeit

Pro Portion:
E: 6 g, F: 14 g, Kh: 10 g, kJ: 817, kcal: 195

VEGETARISCH

1 Chinakohl putzen, halbieren und den Strunk herausschneiden. Den Kohl waschen, abtropfen lassen und in schmale Streifen schneiden. Möhren putzen, waschen, schälen und grob raspeln.

2 Sojabohnensprossen verlesen, in einem Sieb kalt abspülen und abtropfen lassen. Frühlingszwiebeln putzen, waschen und mit dem Grün in feine Ringe schneiden. Die vorbereiteten Zutaten in eine Schüssel geben.

3 Für die Sauce Essig mit Sojasauce, Sambal Oelek, Zucker und Pfeffer gut verrühren. Öl unterschlagen.

4 Die Salatzutaten mit der Sauce vermischen und den Salat etwa 30 Minuten durchziehen lassen.

Tipp: *Sambal Oelek ist eine sehr scharfe Gewürzsauce aus eingekochten Chilischoten. Dosieren Sie sie zunächst sparsamer, wenn Sie den Salat nicht so scharf würzen möchten.*

Bunter Salat mit Hähnchen

Zutaten

Titelfoto – 4–6 Portionen

500 g Hähnchenbrustfilets
3 EL Sojasauce
frisch gemahlener Pfeffer
je 1 kleine rote und gelbe Paprikaschote
3–4 kleine Strauchtomaten
1 Kopf Lollo Rosso oder Friséesalat
1 kleiner Kopf Radicchio
etwa 100 g Brunnenkresse

1 Hähnchenbrustfilets unter fließendem kalten Wasser abspülen, trockentupfen und in dicke Scheiben schneiden. Sojasauce mit Pfeffer verrühren und die Fleischscheiben darin etwa 30 Minuten marinieren.

2 In der Zwischenzeit Paprikaschoten halbieren, entstielen, entkernen, die weißen Scheidewände entfernen, die Schoten waschen und in Streifen schneiden. Tomaten waschen, abtrocknen, die Stängelansätze herausschneiden und Tomaten je nach Größe halbieren oder vierteln.

(Fortsetzung Seite 28)

Für die Sauce:
1 rote Chilischote
2 Schalotten
1 Bund Schnittlauch
4 EL weißer Balsamico-Essig
Salz
etwas Zucker
8 EL Walnussöl

3 EL Speiseöl zum Braten

Zubereitungszeit:
45 Minuten, ohne Marinierzeit

Pro Portion:
E: 28 g, F: 24 g, Kh: 8 g,
kJ: 1526, kcal: 365

ETWAS TEURER

3 Lollo Rosso oder Friséesalat und Radicchio putzen, waschen, abtropfen lassen und in Stücke zupfen. Brunnenkresse verlesen, kalt abspülen und trockentupfen.

4 Für die Sauce Chilischote waschen, abtrocknen, halbieren, entkernen und in kleine Würfel schneiden. Schalotten abziehen und ebenfalls fein würfeln. Schnittlauch kalt abspülen, trockentupfen und in kleine Röllchen schneiden. Die 3 Zutaten mit Balsamico-Essig, Salz, Pfeffer und Zucker verrühren. Öl unterschlagen.

5 Öl in einer Pfanne erhitzen. Die Fleischscheiben aus der Marinade nehmen, abtropfen lassen und in dem Öl unter Wenden von allen Seiten anbraten.

6 Die vorbereiteten Salatzutaten mit der Sauce mischen. Die Fleischscheiben aus der Pfanne nehmen und darauf anrichten. Den Salat sofort servieren.

Tipp: *Die Sauce passt zu allen frischen Salaten, wie z. B. Feldsalat, Rauke (Rucola), Eisberg- oder Eichblattsalat.*

Avocado-Möhren-Salat

Zutaten

Foto

4 Möhren
2 Frühlingszwiebeln
2 Avocados

Für die Sauce:
2 EL Zitronensaft
1 TL Senf
Salz, Pfeffer, etwas Zucker
6 EL Olivenöl

Zubereitungszeit:
30 Minuten

Pro Portion:
E: 3 g, F: 38 g, Kh: 8 g,
kJ: 1678, kcal: 401

SCHNELL

1 Möhren putzen, schälen, waschen und grob raspeln oder in feine Stifte schneiden. Frühlingszwiebeln putzen, waschen, trockentupfen und in Ringe schneiden.

2 Avocados halbieren, die Kerne entfernen, Avocados schälen und in Spalten oder Würfel schneiden. Die vorbereiteten Zutaten in eine Schüssel geben und vermischen.

3 Für die Sauce Zitronensaft mit Senf, Salz, Pfeffer und Zucker verrühren. Öl unterschlagen. Die Salatzutaten mit der Sauce vermengen. Den Salat auf Tellern anrichten und sofort servieren.

Tipp: *Nach Belieben einige Chicorée- und Radicchioblätter kalt abspülen, trockentupfen, auf Teller verteilen und den Salat auf den Blättern anrichten.*

Salate mit Nudeln, Kartoffeln, Reis & Co.

Italienischer Spaghettisalat

Zutaten

4–6 Portionen

3 l Wasser
3 TL Salz
250 g Spaghetti
1 mittelgroße Gemüsezwiebel
1 Zucchini
2 Fleischtomaten
200 g gegartes Kalbfleisch
3 EL Basilikumessig
Salz, Pfeffer
getrockneter Oregano
4 EL Olivenöl
12 entsteinte schwarze Oliven
2 TL Kapern (aus dem Glas)

Für die Tunfischsauce:
1 Dose Tunfisch in Öl (Abtropfgewicht 185 g)
150 g Naturjoghurt
1 EL Salatmayonnaise

1 Topf Basilikum

Zubereitungszeit:
50 Minuten, ohne Durchziehzeit

Pro Portion:
E: 24 g, F: 27 g, Kh: 40 g, kJ: 2224, kcal: 531

RAFFINIERT

1 Wasser in einem großen, geschlossenen Topf zum Kochen bringen. Spaghetti 1–2-mal durchbrechen. Salz und Spaghetti in das kochende Wasser geben. Die Spaghetti im geöffneten Topf bei mittlerer Hitze nach Packungsanleitung bissfest kochen, dabei zwischendurch 4–5-mal umrühren. Anschließend Spaghetti in ein Sieb geben, mit kaltem Wasser abspülen und abtropfen lassen.

2 Gemüsezwiebel abziehen, halbieren und in dünne Scheiben schneiden. Zucchini waschen, abtropfen lassen, die Enden abschneiden und Zucchini in dünne Scheiben schneiden. Zwiebel- und Zucchinischeiben in kochendes Salzwasser geben, einmal aufkochen lassen, in ein Sieb geben, mit kaltem Wasser übergießen und abtropfen lassen.

3 Tomaten waschen, abtropfen lassen, kreuzweise einschneiden, kurz in kochendes Wasser legen und in kaltem Wasser abschrecken. Tomaten enthäuten, die Stängelansätze herausschneiden, Tomaten entkernen und in Spalten schneiden. Kalbfleisch in Streifen schneiden.

4 Essig mit Salz, Pfeffer und Oregano verrühren. Öl unterschlagen. Die vorbereiteten Zutaten mit Oliven, abgetropften Kapern und Sauce in einer Schüssel vermengen und den Salat etwa 20 Minuten durchziehen lassen.

5 Für die Tunfischsauce Tunfisch mit dem Öl aus der Dose pürieren und mit Joghurt und Mayonnaise mischen. Die Sauce evtl. mit Salz und Pfeffer abschmecken.

6 Basilikum kalt abspülen, trockentupfen, die Blättchen von den Stängeln zupfen und den Salat damit garnieren. Die Tunfischsauce zu dem Salat reichen.

Scharfer Tortellonisalat

Zutaten

4–6 Portionen

je 1 kleine grüne, rote und gelbe Paprikaschote
400 g Schweinegehacktes
Salz
frisch gemahlener Pfeffer
Cayennepfeffer
5 EL Tomatenketchup
5–6 EL Obstessig
etwas Zucker
2 l Wasser
2 TL Salz
1 Pck. (500 g) Tortelloni mit Käsefüllung (aus dem Kühlregal)
½ Salatgurke
½ Bund glatte Petersilie
100 ml lauwarme Gemüsebrühe

Zubereitungszeit:
35 Minuten, ohne Abkühl- und Durchziehzeit

Pro Portion:
E: 28 g, F: 25 g, Kh: 39 g, kJ: 2158, kcal: 515

RAFFINIERT

1 Paprikaschoten halbieren, entstielen, entkernen, die weißen Scheidewände entfernen, die Schoten waschen und in kleine Würfel schneiden.

2 Eine beschichtete Pfanne ohne Fett erhitzen. Das Gehackte in die Pfanne geben und bei mittlerer Hitze unter Rühren anbraten, dabei die Klümpchen mit Hilfe einer Gabel zerdrücken. Mit Salz, Pfeffer und Cayennepfeffer würzen. Tomatenketchup, 4 Esslöffel Obstessig und die Paprikawürfel dazugeben. Mit Zucker abschmecken und abkühlen lassen.

3 In der Zwischenzeit Wasser in einem großen, geschlossenen Topf zum Kochen bringen. Dann Salz und Tortelloni zugeben. Die Tortelloni im geöffneten Topf bei mittlerer Hitze nach Packungsanleitung bissfest kochen, dabei zwischendurch 4–5-mal umrühren. Anschließend Tortelloni in ein Sieb geben, mit kaltem Wasser abspülen und abtropfen lassen.

4 Salatgurke waschen, abtrocknen, der Länge nach halbieren und entkernen. Die Hälften in dünne Scheiben schneiden. Petersilie kalt abspülen, trockentupfen und die Blättchen von den Stängeln zupfen. Einige Blätter zum Garnieren beiseite legen.

5 Gemüsebrühe mit dem restlichen Essig, Salz und Pfeffer in einer Schüssel verrühren. Tortelloni, Gurkenscheiben und Petersilienblätter dazugeben, alles vermischen und mindestens 20 Minuten durchziehen lassen. Mit Salz und Pfeffer abschmecken.

6 Den Tortellonisalat auf einer Platte anrichten und die Hackfleischsauce darauf verteilen. Den Salat mit den zurückgelassenen Petersilienblättern garnieren.

Tipp: *In einer unbeschichteten Pfanne das Hackfleisch in 2–3 Esslöffeln Speiseöl anbraten.*

Farfallesalat mit Putenfleisch

Zutaten

3 l Wasser
3 EL Salz
250 g Farfalle (Schleifennudeln)
300 g Putenbrust
2 EL Speiseöl
Salz
frisch gemahlener Pfeffer
200–300 g TK-Erbsen
4 Tomaten

Für die Sauce:
150 g Naturjoghurt
50 g Salatmayonnaise
4 EL Schlagsahne
3 EL Tomatenketchup
2 EL Cream Sherry oder Portwein

Zubereitungszeit:
45 Minuten, ohne Abkühl- und Durchziehzeit

Pro Portion:
E: 32 g, F: 13 g, Kh: 57 g, kJ: 2127, kcal: 508

MIT ALKOHOL

1 Wasser in einem großen, geschlossenen Topf zum Kochen bringen. Dann Salz und Nudeln zugeben. Die Nudeln im geöffneten Topf bei mittlerer Hitze nach Packungsanleitung bissfest kochen, dabei zwischendurch 4–5-mal umrühren. Anschließend Nudeln in ein Sieb geben, mit kaltem Wasser abspülen und abtropfen lassen.

2 Putenbrust unter fließendem kalten Wasser abspülen, trockentupfen und in ½ cm breite Streifen schneiden. Öl in einer Pfanne erhitzen. Die Fleischstreifen darin 3–5 Minuten unter häufigem Wenden rundherum braten, mit Salz und Pfeffer würzen und abkühlen lassen.

3 Erbsen in kochendes Salzwasser geben, 3–5 Minuten kochen lassen, in ein Sieb geben, mit kaltem Wasser übergießen, abtropfen und abkühlen lassen.

4 Tomaten waschen, abtropfen lassen, kreuzweise einschneiden, kurz in kochendes Wasser legen und in kaltem Wasser abschrecken. Tomaten enthäuten, die Stängelansätze herausschneiden und Tomaten in Streifen schneiden.

5 Für die Sauce Joghurt mit Mayonnaise, Sahne, Tomatenketchup, Sherry oder Portwein, Salz und Pfeffer verrühren. Die Salatzutaten in einer Schüssel mischen, die Sauce vorsichtig unterheben und den Salat etwas durchziehen lassen.

Tipp: *Sie können die Putenbruststreifen auch vor dem Braten mit 3 Esslöffel Sojasauce mischen und etwa 1 Stunde darin marinieren. Die Fleischstreifen dann abtropfen lassen, wie oben angegeben braten und noch warm auf dem Salat verteilen.*

Abwandlung: *Für eine Variante ohne Alkohol können Sie Sherry oder Portwein weglassen und die Sauce mit etwa 1 Esslöffel Currypulver anstelle des Tomatenketchups würzen.*

Süß-saurer Nudelsalat

Zutaten

2 Zwiebeln
2 Zucchini (je 200 g)
1 Dose Ananasscheiben (Abtropfgewicht 260 g)
500 g Hähnchenbrustfilets
2 EL Speiseöl
Salz
frisch gemahlener Pfeffer
4 EL Obstessig
100 g Crème fraîche
½–1 TL Sambal Oelek
etwas Zucker
1–2 EL Sojasauce
1 ½ l Wasser
1 ½ TL Salz
150 g Gabelspaghetti
1 Bund Schnittlauch

Zubereitungszeit:
40 Minuten, ohne Abkühlzeit

Pro Portion:
E: 39 g, F: 15 g, Kh: 38 g,
kJ: 1924, kcal: 460

EXOTISCH

1 Zwiebeln abziehen und in Würfel schneiden. Zucchini waschen, abtrocknen, die Enden abschneiden, Zucchini der Länge nach halbieren und in Scheiben schneiden. Ananasscheiben in einem Sieb abtropfen lassen, dabei den Saft auffangen. Ananasscheiben in kleine Stücke schneiden.

2 Hähnchenbrustfilets unter fließendem kalten Wasser abspülen, trockentupfen und würfeln. Öl in einer Pfanne erhitzen. Fleischwürfel darin 5–8 Minuten braten, herausnehmen und mit Salz und Pfeffer würzen.

3 Zwiebelwürfel in das verbliebene Bratfett geben und kurz andünsten. Den aufgefangenen Ananassaft, Zucchinischeiben und Essig dazugeben, alles zum Kochen bringen und etwa 10 Minuten bei schwacher Hitze garen.

4 Ananasstücke, Fleischwürfel, Crème fraîche, Sambal Oelek und Zucker hinzufügen und alles einmal aufkochen lassen. Mit Sojasauce und Salz würzen und abkühlen lassen.

5 Wasser in einem geschlossenen Topf zum Kochen bringen. Dann Salz und Gabelspaghetti zugeben. Die Nudeln im geöffneten Topf bei mittlerer Hitze nach Packungsanleitung bissfest kochen, dabei zwischendurch 4–5-mal umrühren. Anschließend Nudeln in ein Sieb geben, mit kaltem Wasser abspülen, abtropfen und erkalten lassen.

6 Schnittlauch kalt abspülen, trockentupfen und in Röllchen schneiden. Gabelspaghetti unter den Salat mischen. Den Salat mit den Gewürzen pikant abschmecken und mit Schnittlauchröllchen bestreut servieren.

Abwandlung: *Sie können die Hähnchenbrustfilets auch in Scheiben zu dem Salat servieren. Dazu die Hähnchenbrustfilets im Stück in 2 Esslöffeln Sojasauce, 4 Esslöffeln Orangensaft und etwas Sambal Oelek etwa 30 Minuten marinieren. Das Fleisch abtropfen lassen, von beiden Seiten im Öl anbraten und dann bei schwacher Hitze 5–6 Minuten von jeder Seite braten. Das Fleisch in Scheiben schneiden und auf dem Salat anrichten.*

Kartoffel-Käse-Salat

Zutaten

4–6 Portionen

750 g fest kochende Kartoffeln
1 TL Kümmel, ganz
2 Zwiebeln
125 ml (⅛ l) Fleischbrühe
200 g durchwachsener Räucherspeck
200 g Holland-Käse mit Senfkörnern
½ Salatgurke (etwa 350 g)
1 Bund Radieschen
2 rote Äpfel
4–5 EL Weinessig
Salz
frisch gemahlener Pfeffer
3 EL Sonnenblumenkerne

Zubereitungszeit:
45 Minuten, ohne Abkühlzeit

Pro Portion:
E: 21 g, F: 42 g, Kh: 31 g,
kJ: 2579, kcal: 615

GUT VORZUBEREITEN

1 Kartoffeln waschen, in Wasser mit Kümmel zum Kochen bringen und in 20–25 Minuten gar kochen. Kartoffeln abgießen und abdämpfen.

2 Zwiebeln abziehen, sehr fein würfeln und in einer Schüssel mit kochend heißer Fleischbrühe übergießen. Kartoffeln so heiß wie möglich pellen, in etwa 1 cm große Würfel schneiden, sofort unter die Zwiebel-Brühe-Mischung geben und erkalten lassen.

3 Speck in Würfel schneiden. Eine Pfanne ohne Fett erhitzen. Die Speckwürfel darin knusprig ausbraten.

4 Käse entrinden und in Würfel schneiden. Gurke waschen, abtrocknen, die Enden abschneiden und Gurke in Würfel schneiden. Radieschen putzen, waschen und vierteln. Äpfel waschen, abtrocknen, vierteln, entkernen und in Würfel schneiden. Die 4 Zutaten unter die Kartoffel-Zwiebel-Brühe-Mischung heben.

5 Essig mit Salz und Pfeffer verrühren und mit den Speckwürfeln unter den Salat heben. Sonnenblumenkerne in dem verbliebenen Bratfett anrösten und mit dem Fett unter den Salat mischen. Den Salat sofort servieren.

Tipp: *Sie können den Salat gut bereits am Vortag bis einschließlich Punkt 2 vorbereiten.*

Abwandlung: *Sie können den Salat auch mit anderen Käsesorten, wie z. B. Brennesselkäse oder mittelaltem Gouda zubereiten.*
Wer keinen Speck mag, kann ihn auch ersatzlos weglassen oder in Streifen geschnittene Fleischwurst unter den Salat heben.

Flämischer Salat

Zutaten

600 g kleine, gekochte Pellkartoffeln
6 Matjesfilets
2 Kolben Chicorée (je 150 g)

Für die Sauce:
2 Zwiebeln
2 Stängel Estragon
1 Bund Kerbel
6 EL Fleischbrühe
4 EL Weißweinessig
1 TL Salz
frisch gemahlener Pfeffer
6 EL Distelöl

Zubereitungszeit:
30 Minuten, ohne Durchziehzeit

Pro Portion:
E: 11 g, F: 25 g, Kh: 29 g, kJ: 1734, kcal: 415

GUT VORZUBEREITEN

1 Kartoffeln pellen und erst in etwa ½ cm dicke Scheiben, dann in Streifen schneiden. Matjesfiltes würfeln, dabei evtl. vorhandene Gräten entfernen.

2 Chicorée von schlechten Blättern befreien, halbieren, die bitteren Strünke keilförmig herausschneiden, Chicorée waschen, abtropfen lassen und in Streifen schneiden. Die vorbereiteten Zutaten in eine Schüssel geben.

3 Für die Sauce Zwiebeln abziehen und fein würfeln. Estragon und Kerbel kalt abspülen, trockentupfen, die Blättchen von den Stängeln zupfen und fein schneiden.

4 Brühe mit Essig, Salz und Pfeffer verrühren. Öl unterschlagen. Zwiebelwürfel und Kräuter unterrühren. Die Salatzutaten vorsichtig mit der Sauce mischen und den Salat etwa 30 Minuten zugedeckt durchziehen lassen.

5 Den Salat vor dem Servieren nochmals vorsichtig durchmengen und evtl. mit den Gewürzen abschmecken.

Tipp: *Den Salat nach Belieben auf Chicoréeblättern anrichten. Der Flämische Salat ist auch für ein kaltes Buffet gut geeignet. Er kann auch bereits einige Stunden vor dem Verzehr zubereitet werden.*

Kartoffelsalat mit Kresse

Zutaten

Foto links

750 g fest kochende Kartoffeln
1 Glas Karottensalat (Abtropfgewicht 190 g)

Für die Sauce:
375 ml (3/8 l) Gemüsebrühe
3 EL weißer Balsamico-Essig
Salz, Pfeffer
4 EL Olivenöl

500 g Champignons
4 EL Olivenöl
2 Kästchen rote Daikonkresse

Zubereitungszeit:
40 Minuten, ohne Abkühl- und Durchziehzeit

Pro Portion:
E: 8 g, F: 21 g, Kh: 39 g, kJ: 1611, kcal: 385

1 Kartoffeln waschen, in Wasser zum Kochen bringen und in 20–25 Minuten gar kochen. Kartoffeln abgießen, abdämpfen, heiß pellen und abkühlen lassen, bis sie lauwarm sind. Kartoffeln dann in Scheiben schneiden und in eine große Schüssel geben. Karottensalat in ein Sieb geben und abtropfen lassen.

2 Für die Sauce Gemüsebrühe mit Balsamico-Essig, Salz und Pfeffer verrühren. Öl unterschlagen. Karottensalat und Sauce zu den Kartoffelscheiben geben, alles vermischen und etwa 30 Minuten durchziehen lassen.

3 In der Zwischenzeit Champignons putzen, mit Küchenpapier abreiben, evtl. abspülen und in Scheiben schneiden. Öl in einer Pfanne erhitzen. Die Champignonscheiben darin in 2 Portionen hellbraun braten und mit Pfeffer würzen. Die Champignonscheiben zu den Kartoffeln geben.

4 Die Kresse kalt abspülen, trockentupfen und von den Stielen schneiden. Den Salat mit Salz und Pfeffer würzen und die Kresse unterheben.

Tipp: *Die rote Daikonkresse erinnert im Geschmack an Kreuzkümmel (Cumin). Sie kann durch einfache Kresse ersetzt werden.*

Gekochter Kartoffelsalat

Zutaten

Foto rechts

40 g getrocknete Tomaten
500 g fest kochende Kartoffeln
400 g Fenchelknollen
125 ml (1/8 l) Gemüsebrühe
9 EL Weißwein
1 Dose Artischockenböden (Abtropfgewicht 220 g)
2–3 EL Weißweinessig

1 Tomaten in Streifen schneiden. Kartoffeln waschen, schälen, abspülen und in Scheiben schneiden. Von den Fenchelknollen die Stiele dicht oberhalb der Knollen abschneiden, braune Stellen und Blätter entfernen (etwas Fenchelgrün beiseite legen) und die Wurzelenden gerade schneiden. Die Knollen waschen und in Streifen schneiden.

2 Gemüsebrühe und 6 Esslöffel Weißwein in einem Topf zum Kochen bringen. Kartoffelscheiben, Fenchel- und Tomatenstreifen hineingeben, wieder zum Kochen bringen

(Fortsetzung Seite 44)

Salz, Pfeffer, etwas Zucker
6–8 EL Olivenöl
1 kleiner Kopf Lollo Rosso
12 Scheiben (etwa 200 g)
luftgetrockneter Schinken

Zubereitungszeit:
45 Minuten, ohne Abkühl- und Durchziehzeit

Pro Portion:
E: 16 g, F: 35 g, Kh: 30 g, kJ: 2225, kcal: 531

ETWAS TEURER

und bei schwacher Hitze etwa 20 Minuten im geschlossenen Topf garen, zwischendurch ab und zu umrühren. Dann von der Kochstelle nehmen und etwas abkühlen lassen.

3 Artischockenböden in einem Sieb abtropfen lassen, in Streifen schneiden und zum Gemüse geben. Essig mit restlichem Wein, Salz, Pfeffer und Zucker verrühren. Öl unterschlagen. Die vorbereiteten Zutaten mit der Sauce mischen und den Salat etwa 10 Minuten stehen lassen.

4 Lollo Rosso putzen, waschen, trockenschleudern und in kleine Stücke zupfen. Schinken in breite Streifen schneiden. Die Salatblätter auf Teller verteilen, den Kartoffelsalat darauf geben und mit den Schinkenstreifen bestreuen.

5 Fenchelgrün kalt abspülen, trockentupfen, klein schneiden und auf den Salat streuen.

Sommerlicher Kartoffelsalat

Zutaten

500 g Frühkartoffeln
1 Salatgurke (etwa 600 g)
200 g Mai-Gouda-Käse
2 hart gekochte Eier
100 g in Öl marinierte
Shrimps oder Garnelen

Für die Sauce:
1 Bund Dill
1 TL mittelscharfer Senf
3 EL Essig
Salz, Pfeffer, etwas Zucker
4 EL Öl von den Garnelen

Zubereitungszeit:
45 Minuten, ohne Abkühlzeit

Pro Portion:
E: 24 g, F: 31 g, Kh: 23 g, kJ: 2030, kcal: 484

FÜR GÄSTE

1 Kartoffeln gründlich waschen, in Wasser zum Kochen bringen und in 20–25 Minuten gar kochen lassen. Kartoffeln abgießen, abdämpfen, pellen und erkalten lassen. Die Kartoffeln je nach Größe evtl. längs halbieren und in Scheiben schneiden.

2 Gurke waschen, abtrocknen und die Enden abschneiden. Die Gurke der Länge nach vierteln, nach Belieben die Kerne herausschneiden und die Gurke in feine Scheiben schneiden.

3 Gouda entrinden und in feine Würfel schneiden. Eier pellen und in kleine Würfel schneiden. Shrimps oder Garnelen abtropfen lassen, dabei das Öl auffangen und 4 Esslöffel für die Sauce abmessen.

4 Für die Sauce Dill kalt abspülen, die Spitzen von den Stängeln zupfen und fein schneiden. Senf mit Essig, Salz, Pfeffer und Zucker verrühren. Öl unterschlagen und Dill unterrühren.

5 Die Salatzutaten mit der Sauce in einer Schüssel vorsichtig mischen und evtl. nochmals mit den Gewürzen abschmecken.

Schinken-Reis-Salat

Zutaten

400 ml Wasser
Salz
200 g Langkornreis
½ Rettich (etwa 350 g)
2 mittelgroße Orangen
250 g gekochter Schinken, in Scheiben

Für die Sauce:
1 TL eingelegter, grüner Pfeffer (aus dem Glas)
½ Glas (125 ml) Salatmayonnaise
6 EL Orangensaft (von den Orangen)
Salz
frisch gemahlener Pfeffer

150 g feiner Blattspinat

Zubereitungszeit:
50 Minuten, ohne Abkühl- und Durchziehzeit

Pro Portion:
E: 20 g, F: 18 g, Kh: 52 g, kJ: 1917, kcal: 458

RAFFINIERT

1 Wasser in einem Topf zugedeckt zum Kochen bringen. Salz und Reis hineingeben, umrühren, wieder zum Kochen bringen und den Reis bei schwacher Hitze im geschlossenen Topf etwa 15 Minuten garen. Den Reis etwas abkühlen lassen.

2 In der Zwischenzeit Rettich putzen, schälen, waschen und in feine Streifen schneiden. Orangen schälen, so dass die weiße Haut vollständig entfernt wird. Die Fruchtfilets herausschneiden und halbieren, dabei den Saft auffangen und 6 Esslöffel für die Sauce abmessen.

3 Schinken in Streifen schneiden. Rettichstreifen, Reis, Schinkenstreifen und Orangenfilets in einer Schüssel mischen.

4 Für die Sauce den grünen Pfeffer abspülen, abtropfen lassen und fein hacken. Mayonnaise mit abgemessenem Orangensaft, grünem Pfeffer, Salz und gemahlenem Pfeffer verrühren und unter den Salat mischen. Den Salat etwa 20 Minuten durchziehen lassen.

5 In der Zwischenzeit Spinat verlesen, gründlich waschen, trockenschleudern und in breite Streifen schneiden.

6 Die Spinatstreifen erst kurz vor dem Servieren unter den Salat mischen.

Abwandlung: *Anstelle von Blattspinat können Sie auch Sauerampfer verwenden oder 1 Bund geputzte, in Streifen geschnittene Frühlingszwiebeln untermischen.*
Der Salat schmeckt auch lecker, wenn Sie ihn anstelle der Orangenfilets mit 200 g gegarten Erbsen zubereiten. Dann für die Sauce Orangensaft aus der Flasche verwenden.

Orientalischer Reissalat

Zutaten

100 g Langkornreis
Salzwasser
200 g TK-Erbsen
4 kleine Hähnchenbrustfilets (je 125 g)
Salz
frisch gemahlener Pfeffer
6 EL Sesamöl
evtl. Currypulver
1 kleines Glas Champignons (Abtropfgewicht 135 g)
4 kleine Tomaten
2 Frühlingszwiebeln
2 mittelgroße Äpfel
evtl. gewaschene Salatblätter
2 EL Zitronensaft

Für die Sauce:
150 g Naturjoghurt
2 EL Mayonnaise
1–2 EL Essig
2 gestr. TL Currypulver
etwas Zucker
etwas gemahlener Ingwer

Zubereitungszeit:
55 Minuten, ohne Abkühlzeit

Pro Portion:
E: 36 g, F: 20 g, Kh: 38 g,
kJ: 2075, kcal: 495

GUT VORZUBEREITEN

1 Reis in kochendes Salzwasser geben und nach Packungsanleitung gar kochen. Den Reis in ein Sieb geben, mit kaltem Wasser übergießen und gut abtropfen lassen. Erbsen in kochendem Salzwasser etwa 4 Minuten kochen, in ein Sieb geben, mit kaltem Wasser übergießen und abtropfen lassen.

2 Hähnchenbrustfilets unter fließendem kalten Wasser abspülen, trockentupfen und mit Salz und Pfeffer bestreuen. Die Hälfte des Öls in einer Pfanne erhitzen. Hähnchenbrustfilets darin etwa 8 Minuten braten, nach Belieben mit Currypulver bestreuen und etwas abkühlen lassen. Die Hähnchenbrustfilets dann in Scheiben schneiden.

3 Champignons in einem Sieb abtropfen lassen und in Scheiben schneiden. Tomaten waschen, abtrocknen, die Stängelansätze herausschneiden und die Tomaten achteln. Frühlingszwiebeln putzen, waschen und in Ringe schneiden. Äpfel waschen, abtrocknen, vierteln, entkernen und in dünne Scheiben schneiden.

4 Die vorbereiteten Zutaten auf einer Platte nach Belieben auf Salatblättern anrichten, mit Zitronensaft und dem restlichen Öl beträufeln und mit Salz und Pfeffer bestreuen.

5 Für die Sauce Joghurt mit Mayonnaise, Essig und Currypulver verrühren und mit Salz, Pfeffer, Zucker und Ingwer würzen. Die Sauce getrennt zu dem Salat reichen.

Tipp: *Sie können die Salatzutaten auch mit der Sauce vermischen und den Salat etwas durchziehen lassen. Dann ist es nicht nötig, die Zutaten mit Zitronensaft und Öl zu beträufeln. Den Salat vor dem Servieren evtl. nochmals mit Salz, Pfeffer und Currypulver abschmecken.*

Risottosalat

Zutaten

300 g Möhren
3 Zwiebeln
1–2 Knoblauchzehen
3 EL Olivenöl
170 g Risottoreis, z. B. Arborio
400 ml Gemüsebrühe

Für die Sauce:
200 ml Gemüsebrühe
5–6 EL Weißweinessig
Salz
frisch gemahlener Pfeffer
3 EL Olivenöl

1 Bund Radieschen
100 g gehackter TK-Blattspinat (Minis)

Zubereitungszeit:
40 Minuten, ohne Abkühlzeit

Pro Portion:
E: 6 g, F: 16 g, Kh: 41 g,
kJ: 1410, kcal: 336

VEGETARISCH

1 Möhren putzen, schälen, waschen und in Scheiben schneiden. Zwiebeln abziehen, halbieren und in Streifen schneiden. Knoblauch abziehen und in Scheiben schneiden.

2 Öl in einem Topf erhitzen. Reis, Zwiebelstreifen und Knoblauchscheiben darin andünsten. Etwas Gemüsebrühe dazugeben. Den Reis etwa 5 Minuten bei schwacher Hitze im geschlossenen Topf garen. Dann die Möhrenscheiben dazugeben und alles noch etwa 15 Minuten im geschlossenen Topf garen. Während der Garzeit die restliche Brühe nach und nach hinzufügen.

3 Für die Sauce Gemüsebrühe mit Weißweinessig, Salz und Pfeffer verrühren. Öl unterschlagen.

4 Radieschen putzen, dabei die kleinen, zarten Blätter beiseite legen. Radieschen waschen und in Scheiben schneiden. Die Radieschenblättchen waschen, trockentupfen und in kleine Stücke zupfen.

5 Den unaufgetauten Spinat unter den Risotto heben. Den Risotto von der Kochstelle nehmen und abkühlen lassen, bis er lauwarm ist.

6 Radieschenscheiben und Sauce unterheben und den Salat mit Salz und Pfeffer würzen. Den Salat mit den Radieschenblättern garnieren.

Tipp: *Da sich die Radieschenscheiben schnell verfärben, sie erst kurz vor dem Verzehr unterheben und den Salat sofort servieren.*

Bulgursalat

Zutaten

- 200 g grober Bulgur (Weizengrütze)
- 400 ml Gemüsebrühe
- 250 g Salatgurke
- 2 Fleischtomaten
- 1 gelbe Paprikaschote
- 1 Bund Frühlingszwiebeln
- 1 Bund glatte Petersilie
- 1 Zweig Minze

Für die Sauce:

- 4 EL Zitronensaft
- Salz
- frisch gemahlener Pfeffer
- etwas Zucker
- gemahlener Kreuzkümmel (Cumin)
- 6–8 EL Olivenöl

Zubereitungszeit:
40 Minuten, ohne Abkühl- und Durchziehzeit

Pro Portion:
E: 8 g, F: 23 g, Kh: 38 g, kJ: 1725, kcal: 412

VEGETARISCH

1 Bulgur in einem heißen Topf ohne Fett etwa 1 Minute anrösten. Brühe hinzugießen, alles aufkochen und bei schwacher Hitze zugedeckt 15 Minuten ausquellen lassen. Abkühlen lassen, dabei mehrmals durchrühren.

2 Gurke waschen, abtrocknen, die Enden abschneiden und die Gurke in kleine Würfel schneiden. Tomaten waschen, abtrocknen, die Stängelansätze herausschneiden und Tomaten in kleine Würfel schneiden.

3 Paprikaschote halbieren, entstielen, entkernen, die weißen Scheidewände entfernen, die Schote waschen und fein würfeln. Frühlingszwiebeln putzen, waschen, abtropfen lassen und in feine Ringe schneiden.

4 Petersilie und Minze kalt abspülen, trockentupfen, die Blättchen von den Stängeln zupfen und fein schneiden.

5 Für die Sauce Zitronensaft mit Salz, Pfeffer, Zucker und Kreuzkümmel verrühren. Öl unterschlagen. Die vorbereiteten Zutaten mit der Sauce vermischen und etwas durchziehen lassen.

Tipp: *Bulgur bekommen Sie im gut sortierten Supermarkt, im Reformhaus oder Bioladen.*
Nach Belieben einige Blätter Römersalat putzen, waschen, trockenschleudern und den Salat darauf anrichten.

Abwandlung: *Anstelle von Bulgur können Sie auch nach Packungsanleitung gegarten Couscous verwenden oder eingeweichte, gut abgetropfte Dinkelkörner anrösten.*

Linsensalat mit Ziegenkäse

Zutaten

200 g rote Linsen
750 ml (¾ l) Gemüsebrühe
100 g rote Zwiebeln
200 g kleine Tomaten
½ Kopf Friséesalat
200 g Holland-Ziegenkäse

Für die Sauce:
125 ml (⅛ l) Linsenkochflüssigkeit
2–3 EL Balsamico-Essig
frisch gemahlener Pfeffer
4 EL Speiseöl
1 EL gehackte Petersilie
1 EL gehackter Dill
1 EL Schnittlauchröllchen

Zubereitungszeit:
45 Minuten, ohne Abkühlzeit

Pro Portion:
E: 25 g, F: 22 g, Kh: 40 g,
kJ: 1954, kcal: 465

VEGETARISCH

1 Linsen in ein Sieb geben, mit kaltem Wasser abspülen und abtropfen lassen. Brühe aufkochen lassen. Die Linsen hinzufügen und 8–10 Minuten kochen lassen (die Linsen sollen noch Biss haben).

2 Die Linsen in ein Sieb geben, dabei die Kochflüssigkeit auffangen und 125 ml (⅛ l) für die Sauce abmessen. Die Linsen kurz mit kaltem Wasser übergießen und erkalten lassen.

3 Zwiebeln abziehen, halbieren und in feine Spalten schneiden. Tomaten waschen, abtrocknen und die Stängelansätze herausschneiden. Die Tomaten vierteln und entkernen. Friséesalat putzen, waschen, abtropfen lassen und fein zupfen.

4 Ziegenkäse erst in Scheiben, dann in Streifen schneiden. Die vorbereiteten Zutaten mit den Linsen in einer Schüssel vorsichtig mischen.

5 Für die Sauce Linsenkochflüssigkeit mit Essig und Pfeffer verrühren. Öl unterschlagen. Petersilie, Dill und Schnittlauch unterrühren. Die Sauce über den Salat gießen.

Tipp: *Wenn Sie keine frischen Kräuter zur Hand haben, können Sie auch 1 Päckchen (25 g) gemischte TK-Kräuter unter die Sauce rühren.*

Abwandlung: *Anstelle der Zwiebel können Sie auch 1 vorbereitete, in Würfel geschnittene rote Paprikaschote unter den Salat mischen.*
Der Salat schmeckt auch lecker, wenn Sie den Ziegenkäse durch in Würfel geschnittenen Feta- oder Schafkäse ersetzen.

Brotsalat

Zutaten

300 g altbackenes Fladenbrot
3 Knoblauchzehen
4 EL Olivenöl
250 g Cocktailtomaten
2 rote Zwiebeln
1 rote Paprikaschote
1 kleine Salatgurke (etwa 500 g)
1 Bund glatte Petersilie
15 entsteinte Kräuteroliven
3 EL geschälte Kürbiskerne
Salz
frisch gemahlener Pfeffer
Saft von 3 Zitronen
6 EL Olivenöl

Zubereitungszeit:
40 Minuten, ohne Abkühlzeit

Pro Portion:
E: 10 g, F: 37 g, Kh: 38 g,
kJ: 2302, kcal: 549

VEGETARISCH

1 Fladenbrot in etwa 1 cm große Würfel schneiden. Knoblauch abziehen und fein würfeln. Öl in einer Pfanne erhitzen und die Brotwürfel darin anrösten. Kurz bevor die Brotwürfel fertig sind, die Knoblauchwürfel hinzufügen und mitbraten. Die Brotwürfel aus der Pfanne nehmen und lassen.

2 Cocktailtomaten waschen, abtrocknen, evtl. die Stängelansätze entfernen. Große Tomaten evtl. halbieren. Zwiebeln abziehen, halbieren, in dünne Scheiben schneiden und in Ringe teilen. Paprikaschote vierteln, entstielen, entkernen, die weißen Scheidewände entfernen, die Schote waschen und in Würfel schneiden.

3 Gurke waschen, abtrocknen, die Enden abschneiden, die Gurke längs vierteln und in Stücke schneiden. Petersilie kalt abspülen, trockentupfen, die Blättchen von den Stängeln zupfen und fein schneiden.

4 Das vorbereitete Gemüse in einer Schüssel mit Petersilie, Oliven und Kürbiskernen mischen. Mit Salz, Pfeffer und Zitronensaft würzen und mit Öl beträufeln. Die Brotwürfel unterheben und den Salat sofort servieren.

Tipp: *Salat und Brotwürfel erst kurz vor dem Verzehr mischen, damit die Brotwürfel nicht durchweichen. Wenn Sie den Salat einige Zeit vor dem Verzehr zubereiten, die Brotwürfel getrennt aufbewahren.*
Die Kürbiskerne schmecken intensiver, wenn Sie sie vorher in einer Pfanne ohne Fett rösten und erkalten lassen.

Geflügelsalat mit Broccoli

Zutaten

Für die Marinade:
3 EL Worcestersauce
1 EL Zitronensaft
1 EL brauner Zucker
frisch gemahlener, schwarzer Pfeffer
½ TL Finesse Orangenfrucht

500 g Hähnchenbrustfilets
500 g Broccoli
Salzwasser
200 g Möhren
2 gelbe Paprikaschoten (je 200 g)
6 EL Speiseöl
100 ml Wasser
2–3 EL Obstessig
Salz
Cayennepfeffer
etwas brauner Zucker
Zitronenscheiben

Zubereitungszeit:
40 Minuten, ohne Marinier- und Abkühlzeit

Pro Portion:
E: 33 g, F: 17 g, Kh: 13 g, kJ: 1518, kcal: 362

FÜR GÄSTE

1 Für die Marinade Worcestersauce mit Zitronensaft, Zucker, Pfeffer und Orangenfrucht verrühren. Hähnchenbrustfilets unter fließendem kalten Wasser abspülen, trockentupfen und in etwa 2 cm große Würfel schneiden. Die Fleischwürfel mit der Marinade mischen und etwa 1 Stunde darin marinieren.

2 Von dem Broccoli die Blätter entfernen, den Broccoli waschen, in Röschen teilen, in kochendes Salzwasser geben und etwa 5 Minuten darin garen. Broccoli dann abgießen, mit kaltem Wasser abschrecken und abtropfen lassen.

3 Möhren putzen, schälen, waschen und in Scheiben schneiden. Paprikaschoten halbieren, entstielen, entkernen, die weißen Scheidewände entfernen, die Schoten waschen und in feine Streifen schneiden.

4 Die Fleischwürfel abtropfen lassen. 2 Esslöffel Öl in einer Pfanne erhitzen. Die Fleischwürfel darin bei mittlerer Hitze etwa 5 Minuten braten.

5 Möhrenscheiben und Paprikastreifen hinzufügen und etwa 5 Minuten mitbraten. Fleisch und Gemüse aus der Pfanne nehmen und etwas abkühlen lassen.

6 Wasser und Obstessig in die Pfanne geben und den Bratsatz loskochen. Den Sud aufkochen und in eine Schüssel geben. Mit Salz, Cayennepfeffer und Zucker würzen. Das restliche Öl unterschlagen. Die Fleisch-Gemüse-Mischung und Broccoli hinzufügen und alles vermischen.

7 Den Salat mit Zitronenscheiben garnieren und lauwarm oder kalt servieren.

Kentucky-Salat

Zutaten

1 kleiner Kopf Römersalat
4 EL gemischte Beerenfrüchte, z. B. Himbeeren, Johannisbeeren, Brombeeren
1 Grapefruit

Für die Sauce:
3 EL Himbeeressig
Salz
geschroteter, bunter Pfeffer
5 EL Speiseöl

300 g Putenbrust
2 EL Speiseöl

Zubereitungszeit:
30 Minuten

Pro Portion:
E: 19 g, F: 22 g, Kh: 5 g,
kJ: 1322, kcal: 316

FRUCHTIG

1 Römersalat putzen, waschen, trockenschleudern und in Stücke zupfen oder schneiden. Die Beeren verlesen, putzen, evtl. waschen und abtropfen lassen.

2 Grapefruit so schälen, dass die weiße Haut mit entfernt wird und die Filets herausschneiden. Die Beeren mit Grapefruitfilets und Römersalat in einer Schüssel vorsichtig vermengen.

3 Für die Sauce Essig mit Salz und Pfeffer verrühren. Öl unterschlagen. Die Salatzutaten mit der Sauce mischen.

4 Putenbrust unter fließendem kalten Wasser abspülen, trockentupfen und in breite Streifen schneiden. Öl in einer Pfanne erhitzen. Die Putenbruststreifen darin von allen Seiten braten und mit Salz und Pfeffer würzen.

5 Den Salat auf Tellern anrichten und die warmen Fleischstreifen darauf verteilen. Den Salat sofort servieren.

Beilage: *Baguette.*

Tipp: *Nach Belieben einige Salatblätter als Tellerdekoration zurücklassen und den Salat darauf anrichten.*
Anstelle der frischen Beeren können Sie auch aufgetaute, abgetropfte TK-Beeren verwenden.
Nach Belieben zusätzlich 50 g Granatapfelkerne unter den Salat mischen.

Zuckerschotensalat mit Filetstreifen

Zutaten

2 gelbe Paprikaschoten (je 200 g)
250 g Zuckerschoten
4 EL Wasser
4 EL Speiseöl
400 g Schweinefilet
Salz
frisch gemahlener Pfeffer

Für die Sauce:
2 EL Weißweinessig
3 EL Wasser
4 EL Olivenöl

1 Pck. (50 g) Zwiebelsprossen

Zubereitungszeit:
55 Minuten

Pro Portion:
E: 25 g, F: 22 g, Kh: 10 g, kJ: 1448, kcal: 345

ETWAS TEURER

1 Paprikaschoten halbieren, entstielen, entkernen, die weißen Scheidewände entfernen, die Schoten waschen und in Würfel schneiden. Zuckerschoten waschen, putzen und schräg halbieren.

2 Wasser und 1 Esslöffel Öl in einen Topf geben und aufkochen lassen. Paprikawürfel und Zuckerschotenstücke hinzufügen, nochmals aufkochen lassen und bei schwacher Hitze im geschlossenen Topf etwa 5 Minuten garen, zwischendurch ab und zu umrühren.

3 Schweinefilet unter fließendem kalten Wasser abspülen, trockentupfen, der Länge nach halbieren und quer in dünne Scheiben schneiden.

4 Das restliche Öl in einer Pfanne erhitzen. Die Filetscheiben darin portionsweise bei starker Hitze kurz braten und mit Salz und Pfeffer würzen. Die Filetscheiben zusammen mit dem Gemüse in eine Schüssel geben.

5 Für die Sauce Weißweinessig mit Wasser, Salz und Pfeffer verrühren. Öl unterschlagen. Die Salatzutaten mit der Sauce mischen.

6 Zwiebelsprossen in ein Sieb geben, kalt abspülen, gut abtropfen lassen und mit dem Salat auf Tellern anrichten.

Tipp: *Die Zwiebelsprossen beim Gemüsehändler vorbestellen. Sie können auch durch Radieschensprossen ersetzt werden.*

Puten-Gemüse-Salat

Zutaten

250 g Putenbrust (im Stück)
Salz
frisch gemahlener Pfeffer
1 EL Weizenmehl
1 Ei
2 EL Sesamsamen
1 EL Speiseöl
20 g Butter
1 Babyananas
150 g Schwarzwurzeln
etwas Zitronensaft
150 g TK-Erbsen
4 Wachteleier
1 Kopf Eisbergsalat

Für die Sauce:
2 EL Orangensaft
2 EL Weißweinessig
etwas Zucker
5 EL Traubenkernöl

2 Frühlingszwiebeln
1 Bund Kerbel
einige Cocktailtomaten

Zubereitungszeit:
60 Minuten

Pro Portion:
E: 26 g, F: 32 g, Kh: 28 g,
kJ: 2236, kcal: 533

ETWAS TEURER

1 Putenbrust unter fließendem kalten Wasser abspülen, trockentupfen, mit Salz und Pfeffer bestreuen und mit Mehl bestäuben. Ei verschlagen. Das Fleisch erst in dem verschlagenen Ei, dann in Sesam wenden. Öl und Butter in einer Pfanne erhitzen. Das Fleisch darin von beiden Seiten etwa 15 Minuten braten.

2 Ananas schälen, halbieren, die harte Mitte herausschneiden und Ananas erst in Scheiben, dann in Stücke schneiden.

3 Schwarzwurzeln schälen, putzen, waschen, in 4 cm große Stücke schneiden und mit Zitronensaft beträufeln. Schwarzwurzelstücke in Salzwasser zum Kochen bringen, in etwa 10 Minuten gar kochen, in ein Sieb geben und abtropfen lassen.

4 Erbsen in kochendes Salzwasser geben, etwa 2 Minuten kochen lassen, in ein Sieb geben, mit kaltem Wasser übergießen und abtropfen lassen.

5 Wachteleier 3–4 Minuten kochen, abkühlen lassen und pellen. Eisbergsalat putzen, waschen, zerpflücken und trockenschleudern.

6 Für die Sauce Orangensaft mit Essig, Salz, Pfeffer und Zucker verrühren. Öl unterschlagen. Das vorbereitete Gemüse mit Eisbergsalat und Sauce vermengen.

7 Frühlingszwiebeln putzen, waschen und in Ringe schneiden. Kerbel kalt abspülen, trockentupfen, die Blättchen von den Stängeln zupfen und fein hacken. Cocktailtomaten waschen, abtrocknen und nach Belieben halbieren. Wachteleier halbieren. Das Fleisch in feine Scheiben schneiden.

8 Den Salat mit Frühlingszwiebelringen, Kerbel, Cocktailtomaten und Wachteleiern garnieren und mit den Fleischscheiben servieren.

Tipp: *Anstelle der Schwarzwurzeln können Sie auch etwa 250 g Spargelspitzen aus dem Glas verwenden.*

Käse-Erdbeer-Salat mit Hähnchenbrust

Zutaten

300 g Hähnchenbrustfilets
20 g Butter
Salz
frisch gemahlener Pfeffer
1 kleiner Kopf Endiviensalat
250 g Erdbeeren
200 g Mai-Gouda-Käse

Für die Sauce:
1 Orange (unbehandelt)
300 g Naturjoghurt
etwas Zucker
1 TL eingelegte, grüne Pfefferkörner

Zubereitungszeit:
40 Minuten, ohne Abkühlzeit

Pro Portion:
E: 33 g, F: 23 g, Kh: 13 g,
kJ: 1740, kcal: 416

FRUCHTIG

1 Hähnchenbrustfilets unter fließendem kalten Wasser abspülen und trockentupfen. Butter in einer Pfanne zerlassen. Das Fleisch darin von beiden Seiten in etwa 10 Minuten goldbraun braten, mit Salz und Pfeffer würzen und abkühlen lassen.

2 Endiviensalat putzen, waschen, gut abtropfen lassen und in mundgerechte Stücke zupfen. Erdbeeren waschen, abtropfen lassen, entstielen und halbieren. Käse entrinden und in Würfel schneiden.

3 Hähnchenbrustfilets in Scheiben schneiden und mit den übrigen Salatzutaten auf einer Platte anrichten.

4 Für die Sauce Orange heiß waschen, abtrocknen und die Schale mit Hilfe eines Zestenreißers abschälen oder die Schale mit einem scharfen Messer dünn abschälen und in feine Streifen schneiden. Die Orange anschließend halbieren und auspressen.

5 Joghurt mit dem ausgepressten Orangensaft verrühren und mit Salz, gemahlenem Pfeffer und Zucker würzen. Orangenschalenstreifen und abgetropfte Pfefferkörner darüber streuen. Die Sauce zu dem Salat servieren.

Tipp: *Anstelle von Endiviensalat können Sie auch Eisbergsalat verwenden.*

Abwandlung: *Anstelle der Joghurtsauce können Sie den Salat auch mit folgender Sauce servieren: 3 Esslöffel Zitronensaft mit 4 Esslöffeln Weißwein, Salz, Pfeffer und etwas Zucker verrühren und 4 Esslöffel Olivenöl unterschlagen. Dann die Fleischscheiben zum Schluss auf dem Salat verteilen.*

Erbsen-Curry-Salat

Zutaten

1 Dose Kichererbsen
(Abtropfgewicht 265 g)
3 Frühlingszwiebeln
500 g Hähnchenbrustfilets
3 EL Speiseöl
Salz
frisch gemahlener Pfeffer
1–2 EL Currypulver
½ Pck. (225 g) TK-Erbsen

Für die Sauce:
150 g Magermilchjoghurt
2–3 EL Salatmayonnaise
1–2 TL Zitronensaft

150–200 g feine
Spinatblätter

Zubereitungszeit:
50 Minuten

Pro Portion:
E: 38 g, F: 13 g, Kh: 23 g,
kJ: 1633, kcal: 390

FÜR GÄSTE

1 Kichererbsen in ein Sieb geben, kalt abspülen und abtropfen lassen. Frühlingszwiebeln putzen, waschen und schräg in feine Ringe schneiden.

2 Hähnchenbrustfilets unter fließendem kalten Wasser abspülen, trockentupfen und in Streifen schneiden. Öl in einer Pfanne erhitzen. Die Fleischstreifen darin goldbraun braten, mit Salz, Pfeffer und Currypulver würzen und herausnehmen.

3 Frühlingszwiebelringe und unaufgetaute Erbsen in die Pfanne geben und in dem verbliebenen Bratfett etwa 3 Minuten garen. Mit Salz und Pfeffer würzen.

4 Die gegarten Zutaten in eine große Schüssel geben. Kichererbsen und Fleischstreifen vorsichtig unterheben.

5 Für die Sauce Joghurt mit Mayonnaise, Zitronensaft, Salz und Pfeffer verrühren. ¾ der Sauce zu den Zutaten in die Schüssel geben und unterheben.

6 Spinat verlesen, waschen und abtropfen lassen oder trockenschleudern. Die Hälfte der Spinatblätter unter den Salat mischen. Den restlichen Spinat auf Teller verteilen, den Salat darauf anrichten und die restliche Sauce darüber verteilen.

Abwandlung: *Anstelle von Spinat können Sie die gleiche Menge Feldsalat verwenden.*

Tipp: *Für einen Salat für ein Buffet für 6–8 Portionen zusätzlich 1 Glas (Abtropfgewicht 165 g) Tomatenpaprika abtropfen lassen und unterheben. Die Spinatblätter oder den Feldsalat um den Salat herum anrichten. So bleiben die Blätter länger knackig.*

Försterinsalat

Zutaten

4–6 Portionen

1 kg Hasenkeulen
Salz
frisch gemahlener Pfeffer
80 g Butterschmalz
250 ml (¼ l) Rotwein
250 ml (¼ l) Wasser
150 g Pfifferlinge
150 g Champignons
2 EL Speiseöl
4 Tomaten
1 kleine Zwiebel

Für die Salatsauce:
2–3 EL Essig
3 EL Rotwein
gemahlener Koriander
4 EL Speiseöl
einige Salbeiblättchen
1 EL gehackte Petersilie

gewaschene Salatblätter

Zubereitungszeit:
90 Minuten, ohne Abkühl- und Durchziehzeit

Pro Portion:
E: 37 g, F: 33 g, Kh: 3 g, kJ: 2192, kcal: 523

FÜR GÄSTE – ETWAS TEURER

1 Hasenkeulen enthäuten, unter fließendem kalten Wasser abspülen, trockentupfen und mit Salz und Pfeffer bestreuen. Butterschmalz in einem Topf oder Bräter zerlassen. Die Hasenkeulen darin scharf anbraten.

2 Nach und nach Wein und Wasser hinzufügen und die Keulen in 40–50 Minuten fertig garen. Die garen Keulen etwas abkühlen lassen, dann das Fleisch von den Knochen lösen und in Stücke schneiden.

3 Beide Pilzsorten putzen, mit Küchenpapier abreiben und evtl. abspülen. Pfifferlinge je nach Größe halbieren, Champignons in Scheiben schneiden. Öl in einer Pfanne erhitzen. Die Pilze darin kurz andünsten.

4 Tomaten waschen, abtrocknen, die Stängelansätze herausschneiden und die Tomaten in Spalten schneiden. Zwiebel abziehen und würfeln.

5 Für die Sauce Essig mit Wein, Salz, Pfeffer und Koriander verrühren. Öl unterschlagen. Salbeiblättchen kalt abspülen, klein schneiden und mit der Petersilie unterrühren.

6 Die Salatzutaten mit der Sauce vermengen und den Salat gut durchziehen lassen.

7 Den Salat vor dem Servieren evtl. nochmals mit Salz und Pfeffer abschmecken und auf den Salatblättern anrichten.

Beilage: *Gebuttertes Bauernbrot.*

Tipp: *Die Tomaten nach Belieben enthäuten.*
Schneller geht's, wenn Sie anstelle der Hasenkeulen 2–3 Hasenfilets verwenden. Die Filets kalt abspülen, trockentupfen, mit Salz und Pfeffer bestreuen, in 40 g erhitztem Speiseöl etwa 10 Minuten braten (evtl. etwas Rotwein hinzufügen), abkühlen lassen und in Scheiben schneiden.

Bohnensalat mit Kasseler

Zutaten

400 g Kasselerrücken (ohne Knochen)
2 EL Speiseöl
30 g Honig
frisch gemahlener Pfeffer
2 Dosen weiße Riesenbohnen (Abtropfgewicht je 250 g)
1 Glas Gewürzgurken (Abtropfgewicht 185 g)
1 Bund Schnittlauch

Für die Sauce:
1–2 EL weißer Balsamico-Essig
6 EL Gurkenflüssigkeit
Salz
4–6 EL Speiseöl

½ oder 1 kleiner Kopf Friséesalat

Zubereitungszeit:
40 Minuten, ohne Durchziehzeit

Pro Portion:
E: 31 g, F: 29 g, Kh: 46 g, kJ: 2512, kcal: 600

RAFFINIERT

1 Kasseler unter fließendem kalten Wasser abspülen, trockentupfen und in Würfel schneiden. Öl in einer Pfanne erhitzen. Die Fleischwürfel in zwei Portionen jeweils 8–10 Minuten darin braten und mit Honig und Pfeffer würzen. Die Fleischwürfel abkühlen lassen.

2 Riesenbohnen in ein Sieb geben, kalt abspülen und abtropfen lassen. Gewürzgurken ebenfalls in einem Sieb abtropfen lassen, dabei die Gurkenflüssigkeit auffangen und 6 Esslöffel für die Sauce abmessen. Die Gurken in Scheiben schneiden.

3 Bohnen, Gewürzgurkenscheiben und Kasselerwürfel in einer großen Schüssel mischen. Schnittlauch kalt abspülen, trockentupfen und in Röllchen schneiden.

4 Für die Sauce Balsamico-Essig und abgemessene Gurkenflüssigkeit mit Salz und Pfeffer verrühren. Öl unterschlagen. Sauce und Schnittlauchröllchen mit den übrigen Salatzutaten in der Schüssel mischen und etwa 20 Minuten durchziehen lassen.

5 Friséesalat putzen, kalt abspülen, trockenschleudern und in kleine Stücke zupfen. Den Friséesalat zu den übrigen Zutaten in die Schüssel geben und vorsichtig untermischen.

Tipp: *Sie können den Salat auch mit getrockneten Bohnen anstelle der Bohnen aus der Dose zubereiten. Dafür etwa 300 g getrocknete weiße Riesenbohnen über Nacht in Wasser einweichen, am nächsten Tag in dem Wasser etwa 1 Stunde kochen, in ein Sieb geben, mit kaltem Wasser übergießen, abtropfen und erkalten lassen.*

Wintersalat mit warmer Hähnchenleber

Zutaten

200 g Lollo Rosso
150 g Kernhem Käse oder mittelalter Gouda-Käse
2 mittelgroße Kolben Chicorée
2 EL Zitronensaft
300 g rote Äpfel
30 g Butter
350 g Hähnchenleber
2 EL Speiseöl
Salz
frisch gemahlener Pfeffer

Für die Sauce:
1 TL mittelscharfer Senf
1 TL süßer Senf
6 EL Obstessig
3–4 EL Wasser
1 TL Zucker
4–5 EL Speiseöl
½ TL getrockneter Estragon oder einige Zweige frischer Estragon

Zubereitungszeit:
35 Minuten

Pro Portion:
E: 10 g, F: 35 g, Kh: 9 g,
kJ: 2265, kcal: 541

RAFFINIERT

1 Lollo Rosso putzen, waschen, abtropfen lassen und in mundgerechte Stücke zupfen. Käse entrinden und erst in Scheiben, dann in Dreiecke schneiden.

2 Chicorée von schlechten Blättern befreien, der Länge nach halbieren und die bitteren Strünke keilförmig herausschneiden. Die Blätter in 2–3 cm breite Stücke schneiden (die inneren Blätter nach Belieben ganz lassen) und mit Zitronensaft beträufeln.

3 Äpfel waschen, abtrocknen, vierteln, entkernen und in Spalten schneiden. 10 g Butter in einer Pfanne zerlassen. Die Apfelspalten darin kurz von beiden Seiten andünsten und aus der Pfanne nehmen.

4 Hähnchenleber unter fließendem kalten Wasser abspülen und trockentupfen. Restliche Butter mit Öl in der Pfanne erhitzen. Die Hähnchenleber darin von jeder Seite etwa 2 Minuten braten und mit Salz und Pfeffer bestreuen.

5 Lollo Rosso, Chicorée, Apfelspalten und Käsedreiecke auf Tellern anrichten. Die Leber darauf verteilen.

6 Für die Sauce beide Senfsorten mit Essig, Wasser, Zucker, Salz und Pfeffer verrühren. Öl unterschlagen. Estragon unterrühren. Die Sauce über den Salat gießen und den Salat sofort servieren.

Tipp: *Dazu schmeckt ein kräftiges Bauernbrot oder Vollkornbrot.*

Fleischsalat mit Kichererbsen

Zutaten

2 Dosen Kichererbsen
(Abtropfgewicht je 265 g)
1 Glas Tomatenpaprika
(Abtropfgewicht 165 g)
300 g Geflügel-Fleischwurst

Für die Sauce:
1 Bund Schnittlauch
1 Knoblauchzehe
Salz
frisch gemahlener Pfeffer
Paprikapulver rosenscharf
2–3 EL Weißweinessig
6 EL Olivenöl

1 kleiner Kopf Endiviensalat

Zubereitungszeit:
30 Minuten, ohne Durchziehzeit

Pro Portion:
E: 19 g, F: 37 g, Kh: 23 g, kJ: 2220, kcal: 530

GUT VORZUBEREITEN

1 Kichererbsen in ein Sieb geben, abspülen und abtropfen lassen. Tomatenpaprika ebenfalls abtropfen lassen. Fleischwurst in Streifen schneiden. Die 3 Zutaten in eine Schüssel geben.

2 Für die Sauce Schnittlauch kalt abspülen, trockentupfen und in Röllchen schneiden. Knoblauch abziehen und fein hacken.

3 Knoblauch mit Salz, Pfeffer, Paprikapulver und Weißweinessig verrühren. Öl unterschlagen. Schnittlauch unterrühren. Die vorbereiteten Zutaten mit der Sauce mischen und etwa 30 Minuten durchziehen lassen.

4 Endiviensalat putzen, waschen, trockenschleudern, in Streifen schneiden oder in Stücke zupfen und unterheben. Den Salat evtl. nochmals mit Salz und Pfeffer abschmecken.

Tipp: *Sie können die Kichererbsen durch die gleiche Menge Kidneybohnen ersetzen.*

Abwandlung: *Für einen* ***Fleischsalat mit weißen Bohnen*** *2 Dosen weiße Bohnen (Abtropfgewicht 250 g) in einem Sieb abtropfen lassen. 1 Bund Frühlingszwiebeln putzen, waschen und in Ringe schneiden. 3–4 Fleischtomaten waschen, abtrocknen, halbieren, die Stängelansätze herausschneiden, Tomaten entkernen und in Stücke schneiden. 300 g Fleischwurst in Streifen schneiden. Die vorbereiteten Zutaten wie oben angegeben mit der Sauce mischen und durchziehen lassen.*

Feiner Salamisalat

Zutaten

- 500 g Blumenkohl
- Salzwasser
- 40 g Pinienkerne
- 250 g Chicorée
- 2 EL Zitronensaft
- frisch gemahlener Pfeffer
- 150 g italienische Salami, in feinen Scheiben
- 8 EL Frenchdressing (Fertigprodukt)
- 50 g Parmesan-Käse

Zubereitungszeit:
30 Minuten, ohne Abkühlzeit

Pro Portion:
E: 22 g, F: 25 g, Kh: 6 g,
kJ: 1487, kcal: 355

FÜR GÄSTE

1 Von dem Blumenkohl die Blätter und schlechten Stellen entfernen, den Strunk abschneiden und Blumenkohl in kleine Röschen teilen. Blumenkohlröschen in kochendes Salzwasser geben und in 5–7 Minuten bissfest garen.

2 Blumenkohlröschen dann in ein Sieb geben, mit kaltem Wasser abschrecken, abtropfen und abkühlen lassen.

3 In der Zwischenzeit Pinienkerne in einer Pfanne ohne Fett bei schwacher Hitze goldbraun rösten und abkühlen lassen.

4 Chicorée von schlechten Blättern befreien, der Länge nach halbieren und die bitteren Strünke keilförmig herausschneiden. Chicorée quer in Streifen schneiden und mit Zitronensaft und Pfeffer mischen.

5 Salamischeiben halbieren oder in breite Streifen schneiden. Blumenkohlröschen, Chicoréestreifen, Salami und Pinienkerne in einer Schüssel mischen und portionsweise auf Tellern anrichten. Frenchdressing auf den Salat geben.

6 Parmesan in feine Scheiben hobeln (am besten mit einem Sparschäler) und über den Salat streuen.

Tipp: *Anstelle von fertigem Frenchdressing können Sie den Salat auch mit einer selbst gemachten **Currysauce** servieren. Dazu 150 g Naturjoghurt mit 2 Esslöffeln Mayonnaise verrühren und mit 1 Teelöffel Currypulver, etwas Salz, Zucker und Pfeffer würzen.*

Salate mit Fisch & Meeresfrüchten

Dänischer Heringssalat

Zutaten

300 g kleine Tomaten
½ Salatgurke
½ kleiner Kopf Eisbergsalat (etwa 250 g)
3 Dosen (je 200 g) Heringsfilets in Currysauce

Für die Sauce:
200 g Schmand
4 EL Currysauce (von den Heringsfilets in Currysauce)
Salz
frisch gemahlener Pfeffer
1–2 TL Currypulver
1 Bund glatte Petersilie

Zubereitungszeit:
30 Minuten

Pro Portion:
E: 20 g, F: 36 g, Kh: 9 g,
kJ: 1948, kcal: 465

SCHNELL

1 Tomaten waschen, abtrocknen, halbieren, die Stängelansätze herausschneiden und Tomaten in Spalten schneiden. Gurke waschen, abtrocknen, der Länge nach halbieren, entkernen und in Scheiben schneiden.

2 Eisbergsalat putzen, halbieren und den Strunk herausschneiden. Die Salatviertel abspülen, abtropfen lassen und in Streifen schneiden oder in Stücke zupfen. Tomatenspalten, Salatstreifen und Gurkenscheiben in einer Schüssel mischen.

3 Die Heringsfilets aus den Dosen nehmen und die Currysauce mit Hilfe eines Messers vorsichtig abstreifen. Die Heringsfilets in kleine Stücke schneiden. 4 Esslöffel der Currysauce abmessen und durch ein Sieb geben.

4 Für die Sauce Schmand mit der abgemessenen Currysauce verrühren und mit Salz, Pfeffer und Currypulver würzen. Petersilie kalt abspülen, trockentupfen, die Blättchen von den Stängeln zupfen und grob hacken. Die Hälfte der Petersilie unter die Sauce rühren. Die Salatzutaten mit der Sauce in der Schüssel mischen.

5 Die Heringsstücke in kleine Stücke teilen und darauf anrichten. Den Salat mit der restlichen Petersilie bestreuen.

Tipp: *Sie können die Heringsfilets auch durch 150 g Schillerlocken ersetzen. Dann anstelle der Currysauce 3 Esslöffel Joghurt unter die Sauce rühren.*

Salat Elbchaussee

Zutaten

4–6 Portionen

3 Matjesfilets
50 g Langkornreis
Salzwasser
etwa 270 g Knollensellerie
4 Bismarckheringsfilets
1 großer säuerlicher, roter Apfel
1 EL Zitronensaft
2 Gewürzgurken
1 Zwiebel
200 g Ananas-Fruchtfleisch (von 1 kleinen Ananas)
100 g gesalzene Erdnusskerne

Für die Sauce:
3–4 EL Essig
3–4 EL Schlagsahne
2–3 EL klarer Korn
Salz
frisch gemahlener Pfeffer
6 EL Speiseöl

Zubereitungszeit:
50 Minuten, ohne Abkühl- und Durchziehzeit

Pro Portion:
E: 19 g, F: 41 g, Kh: 37 g, kJ: 2638, kcal: 630

MIT ALKOHOL

1 Matjesfilets evtl. wässern. Reis in kochendes Salzwasser geben und nach Packungsanleitung gar kochen. Den Reis dann in einem Sieb abtropfen und erkalten lassen.

2 Sellerie putzen, schälen, waschen, in dünne Scheiben oder Streifen schneiden und in Wasser etwa 8 Minuten kochen lassen. Sellerie abtropfen und erkalten lassen.

3 Matjes- und Bismarckheringsfilets in Stücke schneiden, dabei evtl. vorhandene Gräten entfernen.

4 Apfel waschen, abtrocknen, vierteln, entkernen, in Scheiben schneiden und mit Zitronensaft beträufeln. Gewürzgurken abtropfen lassen und in Stücke schneiden. Zwiebel abziehen, halbieren und in Scheiben schneiden. Ananas-Fruchtfleisch in Stücke schneiden.

5 Hering, Sellerie, Apfel, Gurken, Zwiebel und Ananas mit Reis und Erdnusskernen in einer Schüssel vermengen.

6 Für die Sauce Essig mit Sahne, Korn, Salz und Pfeffer verrühren. Öl unterschlagen. Die Salatzutaten mit der Sauce vermengen und den Salat etwa 30 Minuten durchziehen lassen.

7 Den Salat vor dem Servieren evtl. nochmals mit Salz und Pfeffer abschmecken.

Tipp: *Sie können für den Salat auch übrig gebliebenen Reis vom Vortag verwenden. Die oben angegebene Menge entspricht etwa 150 g gekochtem Reis.*

Heringssalat Harzer Art

Zutaten

4–6 Portionen

4 ganze, küchenfertige Salzheringe (davon 2 Milchner)
500 g Rote Bete (aus dem Glas)
250 g Gewürz- oder Salzgurken
200 g gekochte Pellkartoffeln
2 säuerliche Äpfel, z. B. Boskop
200 g Schweinebraten-Aufschnitt

Für die Sauce:
1 Becher (150 g) Crème fraîche
1–2 EL Johannisbeergelee
Salz

frisch gemahlener Pfeffer
etwas Weißweinessig
2–3 Eier
glatte Petersilie

Zubereitungszeit:
40 Minuten, ohne Wässer- und Durchziehzeit

Pro Portion:
E: 46 g, F: 44 g, Kh: 21 g, kJ: 2983, kcal: 712

GUT VORZUBEREITEN

1 Salzheringe ausnehmen, dabei die Heringsmilch für die Sauce zurücklassen und die Heringe 12 Stunden wässern.

2 Die Heringe trockentupfen und Kopf, Schwanz und Flossen entfernen. Die Heringe entgräten, enthäuten und in Stücke schneiden.

3 Rote Bete und Gurken getrennt in einem Sieb abtropfen lassen. Kartoffeln pellen. Äpfel schälen, vierteln und entkernen. Rote Bete, Gurken, Kartoffeln, Äpfel und Schweinebraten-Aufschnitt in kleine Würfel schneiden.

4 Für die Sauce die zurückgelassene Heringsmilch durch ein Sieb streichen und mit Crème fraîche und Johannisbeergelee verrühren. Die Salatzutaten mit der Sauce vermengen.

5 Den Salat mit Salz, Pfeffer und Essig würzen und einige Stunden (am besten über Nacht) durchziehen lassen.

6 Eier in etwa 8 Minuten hart kochen, in kaltem Wasser abschrecken, pellen und erkalten lassen. Petersilie kalt abspülen, trockentupfen und die Blättchen von den Stängeln zupfen. Eier in Scheiben schneiden.

7 Den Salat evtl. nochmals mit den Gewürzen abschmecken und mit Eierscheiben und Petersilienblättchen garniert servieren.

Tipp: *Milchner sind laichreife, männliche Heringe, d. h. sie enthalten Milch. Das weibliche Gegenstück heißt Rogener (d. h. enthält Rogen).*

Abwandlung: *Anstelle von Johannisbeergelee können Sie die Sauce mit 1 gehäuften Esslöffel Salatmayonnaise und etwas von der Rote-Bete-Flüssigkeit zubereiten.*

Räucherfischsalat

Zutaten

400 g geräuchertes Seelachsfilet
2 Kolben Chicorée (je 150 g)
2 Äpfel

Für die Sauce:
150 g Naturjoghurt
125 g Magerquark
etwas Zitronensaft
Salz
frisch gemahlener Pfeffer

Zubereitungszeit:
30 Minuten, ohne Durchziehzeit

Pro Portion:
E: 24 g, F: 3 g, Kh: 9 g,
kJ: 724, kcal: 173

GUT VORZUBEREITEN

1 Seelachsfilet in kleine Stücke schneiden, dabei evtl. vorhandene Gräten entfernen. Chicorée von schlechten Blättern befreien, halbieren und die bitteren Strünke keilförmig herausschneiden. Chicorée waschen, abtropfen lassen und in etwa 2 cm breite Streifen schneiden.

2 Äpfel schälen, vierteln, entkernen und in kleine Würfel oder Spalten schneiden. Die vorbereiteten Zutaten in einer Schüssel mischen.

3 Für die Sauce Joghurt mit Quark, Zitronensaft, Salz und Pfeffer verrühren. Die Salatzutaten mit der Sauce vermengen und den Salat etwa 15 Minuten durchziehen lassen.

Tipp: *Nach Belieben die Teller mit Chicoréeblättern und halbierten Apfelringen dekorieren. Die Apfelringe dann mit etwas Zitronensaft beträufeln, damit sie nicht braun werden.*
Sie können den Salat auch mit anderen Räucherfischsorten wie Schillerlocken, Makrelen- oder Forellenfilets zubereiten.

Abwandlung 1: *Der Salat schmeckt auch lecker, wenn Sie ihn mit einer* ***Joghurt-Meerrettich-Sauce*** *servieren. Dazu etwa 300 g Joghurt mit 2–3 Esslöffeln Sahnemeerrettich (aus Tube oder Glas) verrühren und evtl. mit Zitronensaft, Salz und Pfeffer abschmecken.*

Abwandlung 2: *Für einen* ***Kartoffel-Räucherfisch-Salat*** *5 mittelgroße, gekochte Pellkartoffeln pellen und in Scheiben schneiden. 3 Frühlingszwiebeln putzen, waschen und in Ringe schneiden. 6 Radieschen putzen, waschen und in Scheiben schneiden. 3 hart gekochte Eier pellen und ebenfalls in Scheiben schneiden. 400 g Räucherfisch (z. B. Schillerlocken, geräucherte Forellen- oder Makrelenfilets) in Stücke teilen, dabei evtl. vorhandene Gräten entfernen. Die vorbereiteten Zutaten in einer Schüssel vermengen. Für die Sauce 2 Esslöffel Essig mit 4 Esslöffeln Weißwein, Salz, Pfeffer und etwas Zucker verrühren und 5 Esslöffel Speiseöl unterschlagen. Die Salatzutaten mit der Sauce mischen und etwa 20 Minuten durchziehen lassen.*

Zucchini-Kohlrabi-Salat mit Lachs

Zutaten

500 g Zucchini
2 EL Speiseöl
Salz
frisch gemahlener Pfeffer
1 Kohlrabi (400 g)
½ Bund Dill

Für die Sauce:
1 EL Weißweinessig
2–3 EL körniger Senf
etwas Zucker
4 EL Speiseöl

300 g Graved Lachs
(in dünnen Scheiben)

Zubereitungszeit:
40 Minuten, ohne Durchziehzeit

Pro Portion:
E: 19 g, F: 26 g, Kh: 6 g, kJ: 1397, kcal: 334

FÜR GÄSTE

1 Zucchini waschen, abtrocknen, die Enden abschneiden und Zucchini erst der Länge nach in dünne Scheiben, dann quer in feine Streifen schneiden.

2 Öl in einer Pfanne erhitzen. Zucchinistreifen in mehreren Portionen im Öl goldbraun braten, aus der Pfanne nehmen, abtropfen lassen, in eine Schüssel geben und mit Salz und Pfeffer würzen.

3 Kohlrabi schälen, waschen, halbieren und erst in dünne Scheiben, dann in feine Streifen schneiden. Kohlrabistreifen unter die Zucchini mischen. Dill kalt abspülen, trockentupfen, in kleine Zweige zupfen und unter das Gemüse heben.

4 Für die Sauce Essig mit Senf, Zucker, Salz und Pfeffer verrühren. Öl unterschlagen. Die Sauce zum Gemüse geben, alles vermischen und den Salat mindestens 15 Minuten durchziehen lassen.

5 Den Salat auf einer Platte anrichten. Den Lachs in breite Streifen schneiden und um den Salat herum anrichten.

Tipp: *Als Partysalat für 12 Portionen die doppelte Menge Zutaten verwenden. Den Lachs getrennt zu dem Salat servieren.*

Abwandlung: *Der Salat schmeckt auch lecker, wenn Sie die Hälfte Kohlrabi durch 2 vorbereitete, in Würfel geschnittene Fleischtomaten ersetzen. Dann die Sauce anstelle von Senf mit 2 Esslöffeln Joghurt und 2 Teelöffeln abgetropften Kapern zubereiten und mit geriebenem Meerrettich abschmecken.*

Ligurischer Salat

Zutaten

1 Kopfsalat
4 Tomaten
1 grüne Paprikaschote
1 große Möhre (etwa 150 g)
½ Salatgurke (etwa 500 g)
10 Silberzwiebeln
(aus dem Glas)
3–4 Sardellenfilets
10 schwarze Oliven

Für die Sauce:
1 Knoblauchzehe
3 EL Weißweinessig
Salz
frisch gemahlener Pfeffer
etwas Zucker
6 EL Olivenöl
5–6 gehackte Basilikumblättchen

Zubereitungszeit:
35 Minuten, ohne Durchziehzeit

Pro Portion:
E: 19 g, F: 25 g, Kh: 9 g, kJ: 1380, kcal: 329

FÜR GÄSTE

1 Von dem Kopfsalat die äußeren Blätter entfernen, die übrigen vom Strunk lösen, die großen Blätter teilen und die Herzblättchen ganz lassen. Den Salat waschen und gut abtropfen lassen oder trockenschleudern.

2 Tomaten waschen, abtropfen lassen, die Stängelansätze herausschneiden und die Tomaten in Scheiben schneiden.

3 Paprikaschote halbieren, entstielen, entkernen, die weißen Scheidewände entfernen, die Schote waschen und in Streifen schneiden. Möhre putzen, schälen, waschen und in feine Streifen schneiden.

4 Gurke waschen, abtrocknen, die Enden abschneiden und die Gurke in Scheiben schneiden. Silberzwiebeln abtropfen lassen. Sardellenfilets klein schneiden. Oliven evtl. entsteinen. Die vorbereiteten Zutaten in einer Schüssel mischen.

5 Für die Sauce Knoblauch abziehen, fein hacken und mit Essig, Salz, Pfeffer und Zucker verrühren. Öl unterschlagen. Basilikum unterrühren. Die Salatzutaten mit der Sauce vermengen und den Salat etwas durchziehen lassen.

Tipp: *Sie können nach Belieben auch zusätzlich etwas Schafkäse zerbröckeln oder in kleine Würfel schneiden und über den Salat streuen.*

Katalanischer Salat

Zutaten

Foto

8 gegarte Garnelen (ohne Schale)
4–6 Sardinen in Öl
4 dünne Scheiben roher Schinken, 2 Tomaten
8 Artischockenherzen (aus dem Glas)
2 TL Kapern (aus dem Glas)
einige Salatblätter
2 rote Zwiebeln
8 entsteinte, grüne Oliven
4 EL Weinessig
6–8 EL Olivenöl
Salz, Pfeffer
½ Bund glatte Petersilie

Zubereitungszeit:
50 Minuten

Pro Portion:
E: 16 g, F: 29 g, Kh: 6 g,
kJ: 1547, kcal: 370

FÜR GÄSTE

1 Von den Garnelen den Darm entfernen, Garnelen waschen und trockentupfen. Sardinen halbieren. Schinkenscheiben halbieren und aufrollen.

2 Tomaten waschen, abtrocknen, die Stängelansätze herausschneiden und Tomaten achteln. Artischockenherzen in einem Sieb abtropfen lassen und vierteln. Kapern ebenfalls abtropfen lassen.

3 Salatblätter waschen und trockentupfen. Zwiebeln abziehen, in Scheiben schneiden und in Ringe teilen.

4 Die vorbereiteten Zutaten und Oliven auf einer großen Platte anrichten, mit Essig und Öl beträufeln und mit Salz und Pfeffer bestreuen.

5 Petersilie kalt abspülen, trockentupfen, die Blättchen von den Stängeln zupfen und den Salat damit garnieren.

Tipp: *Der Salat ist sehr sättigend. Wenn Sie ihn mit Fladenbrot oder Baguette servieren, ist er eine vollständige Mahlzeit.*
Dieser üppige Salat eignet sich gut für ein Buffet.
Nach Belieben zusätzlich 2 hart gekochte Eier (in Achtel geschnitten) mit auf der Platte anrichten.

Düsseldorfer Salat

Zutaten

400 g gekochte Pellkartoffeln
½ Salatgurke (etwa 500 g)
400 g Tomaten
400 g gekochter Knollensellerie

1 Pellkartoffeln pellen. Gurke waschen, abtrocknen, die Enden abschneiden, die Gurke längs halbieren und entkernen. Tomaten waschen, abtrocknen, die Stängelansätze herausschneiden, die Tomaten vierteln und entkernen.

2 Die vorbereiteten Zutaten und den Sellerie in kleine Würfel schneiden und in einer Schüssel mischen.

(Fortsetzung Seite 94)

Für die Sauce:
3 EL Weißweinessig
1 TL mittelscharfer Senf
Salz, Pfeffer, etwas Zucker
6 EL Speiseöl

2 hart gekochte Eier
100 g Krabben oder Shrimps
20 g Kaviar

Zubereitungszeit:
40 Minuten, ohne Durchziehzeit

Pro Portion:
E: 15 g, F: 24 g, Kh: 31 g,
kJ: 1745, kcal: 416

3 Für die Sauce Essig mit Senf, Salz, Pfeffer und Zucker verrühren. Öl unterschlagen. Die Salatzutaten mit der Sauce vermengen und den Salat etwa 30 Minuten durchziehen lassen.

4 Eier pellen und in Scheiben schneiden. Den Salat auf Tellern anrichten und mit Eierscheiben und Krabben oder Shrimps garnieren. Kaviar in kleinen Klecksen auf die Eierscheiben geben.

Tipp: *Nach Belieben einige Salatblätter (z. B. Lollo Rosso) waschen, trockenschleudern und den Salat darauf anrichten.*

Sojasprossen-Garnelen-Salat

Zutaten

Foto

300 g Sojabohnensprossen
200 g Hähnchenbrustfilet
2 EL Nussöl
Salz, Pfeffer
200–300 g küchenfertige Garnelen oder Shrimps
2 EL Zitronensaft

Für die Sauce:
1 kleine Knoblauchzehe
3 EL Himbeeressig
1 EL Sojasauce
6 EL Nussöl

Zubereitungszeit:
40 Minuten, ohne Durchziehzeit

Pro Portion:
E: 26 g, F: 26 g, Kh: 6 g,
kJ: 1626, kcal: 388

ETWAS TEURER

1 Sojabohnensprossen verlesen, in ein Sieb geben, kalt abspülen und abtropfen lassen. Hähnchenbrustfilet unter fließendem kalten Wasser abspülen, trockentupfen und in Streifen schneiden.

2 Öl in einer Pfanne erhitzen. Die Fleischstreifen darin unter Wenden braten, mit Salz und Pfeffer bestreuen und aus der Pfanne nehmen.

3 Garnelen oder Shrimps in dem verbliebenen Bratfett 1–2 Minuten anbraten. Mit Salz und Pfeffer würzen und mit Zitronensaft beträufeln.

4 Für die Sauce Knoblauch abziehen, durch die Knoblauchpresse drücken und mit Essig, Sojasauce, Salz und Pfeffer verrühren. Öl unterschlagen.

5 Sojabohnensprossen, lauwarme Fleischstreifen und Garnelen oder Shrimps mit der Sauce mischen und kurz durchziehen lassen. Den Salat auf einer Platte anrichten.

Tipp: *Den Salat nach Belieben mit Kresse garnieren.*

Spitzkohlsalat mit Shrimps und Mai-Gouda-Streifen

Zutaten

1 kleiner Kopf Spitzkohl (etwa 600 g)
Salzwasser
250 g Mai-Gouda-Käse, in dicken Scheiben

Für die Sauce:
4 EL Weißweinessig
Salz
frisch gemahlener Pfeffer
geriebene Muskatnuss
6 EL Sojaöl

200 g Shrimps oder Garnelen
etwas frischer Kerbel (etwa 25 g)

Zubereitungszeit:
40 Minuten

Pro Portion:
E: 27 g, F: 35 g, Kh: 7 g, kJ: 1995, kcal: 476

FÜR GÄSTE

1 Spitzkohl putzen, vierteln und den Strunk herausschneiden. Die Spitzkohlviertel abspülen, abtropfen lassen und in schmale Streifen schneiden. Die Kohlstreifen in kochendes Salzwasser geben, zum Kochen bringen und 2–3 Minuten kochen lassen.

2 Die Streifen dann in ein Sieb geben, mit eiskaltem Wasser abschrecken und sehr gut abtropfen lassen. Käsescheiben entrinden und in etwa 2 cm breite Streifen schneiden.

3 Für die Sauce Essig mit Salz, Pfeffer und Muskatnuss verrühren. Öl mit einem Schneebesen unterschlagen, bis eine cremige Sauce entstanden ist. Spitzkohl und Käse in einer Schüssel mit der Sauce mischen.

4 Shrimps oder Garnelen unter fließendem kalten Wasser abspülen und trockentupfen. Kerbel kalt abspülen, trockentupfen und die Blättchen von den Stängeln zupfen. Kerbel und Shrimps oder Garnelen mit den übrigen Zutaten vermengen.

Tipp: *Den Salat mit gebuttertem Toast und einem leichten Weißwein servieren.*

Abwandlung: *Anstelle des Spitzkohls können Sie auch dieselbe Menge jungen Weißkohl verwenden und zusätzlich 1 Bund klein geschnittenen Dill untermischen.*

Bunter Käsesalat

Zutaten

Für die Croûtons:
5 Scheiben Toastbrot
3–4 EL Olivenöl
Paprikapulver edelsüß

200 g Ziegengouda-Käse
1 Glas Tomatenpaprika (Abtropfgewicht 165 g)
1 Dose Gemüsemais (Abtropfgewicht 285 g)
1 Glas Honiggurken (Abtropfgewicht 215 g)
1 Bund glatte Petersilie

Für die Sauce:
2 EL weißer Balsamico-Essig
Salz
frisch gemahlener Pfeffer
3–4 EL Olivenöl

Zubereitungszeit:
25 Minuten, ohne Durchziehzeit

Pro Portion:
E: 15 g, F: 32 g, Kh: 42 g, kJ: 2206, kcal: 527

VEGETARISCH

1 Für die Croûtons Toastbrot nach Belieben entrinden und in Würfel schneiden. Öl in einer Pfanne erhitzen. Die Brotwürfel hinzufügen und unter gelegentlichem Wenden bei schwacher Hitze goldbraun rösten. Die Croûtons mit Paprikapulver bestreuen, sofort auf einen Teller geben und erkalten lassen.

2 In der Zwischenzeit Gouda entrinden und in Würfel schneiden. Tomatenpaprika und Mais in ein Sieb geben, kalt abspülen und abtropfen lassen. Honiggurken in einem Sieb abtropfen lassen, dann quer in Streifen schneiden.

3 Petersilie kalt abspülen, trockentupfen, die Blättchen von den Stängeln zupfen und grob hacken. Die vorbereiteten Zutaten in eine Schüssel geben.

4 Für die Sauce Essig mit Salz und Pfeffer verrühren. Öl unterschlagen. Die Salatzutaten mit der Sauce mischen und den Salat etwa 15 Minuten durchziehen lassen.

5 Die Croûtons über den Salat streuen oder getrennt dazu servieren.

Tipp: *Anstelle von Ziegengouda können Sie auch mittelalten Gouda verwenden und anstatt Balsamico-Essig Weißweinessig. Als Salat auf einem Buffet reicht der Salat für etwa 6 Portionen. Die Croûtons dann separat anrichten, damit sie bei längerem Stehen nicht aufweichen.*

Spargel-Käse-Salat

Zutaten

500 g weißer Spargel
Salzwasser
1 TL Zucker
150 g Zuckerschoten
250 g Putenbrust
2 EL Speiseöl
Salz
frisch gemahlener Pfeffer
100 g Cocktailtomaten
½ Kopf Friséesalat
200 g Mai-Gouda-Käse

Für die Sauce:
1 kleine Zwiebel
1 Bund gemischte, gehackte Kräuter, z. B. Petersilie, Dill, Schnittlauch
6 EL Spargelkochwasser
3 EL Essig
1 TL mittelscharfer Senf
5 EL Walnussöl

Zubereitungszeit:
40 Minuten

Pro Portion:
E: 31 g, F: 33 g, Kh: 11 g, kJ: 2061, kcal: 492

FÜR GÄSTE

1 Spargel waschen, von oben nach unten schälen, dabei darauf achten, dass Schalen und holzige Stellen völlig entfernt, die Köpfe aber nicht verletzt werden und die Enden abschneiden. Den Spargel in 4–5 cm lange Stücke schneiden und in wenig kochendem Salzwasser mit Zucker in etwa 10 Minuten bissfest garen.

2 Die Spargelstücke in ein Sieb gießen, dabei das Kochwasser auffangen. Die Spargelstücke abtropfen und abkühlen lassen. Von dem Kochwasser 6 Esslöffel für die Sauce abmessen.

3 Zuckerschoten waschen, abtropfen lassen und die Enden abschneiden. Die Zuckerschoten etwa 3 Minuten in kochendem Salzwasser blanchieren, kalt abschrecken und abtropfen lassen.

4 Putenbrust unter fließendem kalten Wasser abspülen, trockentupfen und erst in dünne Scheiben, dann in Streifen schneiden. Öl in einer Pfanne erhitzen. Die Putenbruststreifen darin unter Wenden etwa 2 Minuten scharf anbraten, aus der Pfanne nehmen und mit Salz und Pfeffer würzen.

5 Cocktailtomaten waschen, abtrocknen und halbieren. Friséesalat putzen, waschen, abtropfen lassen und in mundgerechte Stücke zupfen. Käse entrinden und in Würfel schneiden.

6 Die vorbereiteten Salatzutaten dekorativ auf 4 Portionstellern anrichten, zum Schluss den Käse darüber streuen.

7 Für die Sauce Zwiebel abziehen und fein würfeln. Kräuter kalt abspülen, trockentupfen und fein hacken. Das abgemessene Spargelkochwasser mit Essig, Senf, Zwiebelwürfeln und Pfeffer verrühren. Öl unterschlagen. Kräuter unterrühren. Die Sauce über den Salat gießen.

Beilage: *Knuspriges Bauernbrot.*

Käsesalat mit Orangensauce

Zutaten

200 g Radicchio
150 g Feldsalat
3–4 große Orangen
(1 davon unbehandelt)
200 g Holland-Kümmel-Gouda, in Scheiben

Für die Sauce:
250 ml (¼ l) Schlagsahne
Orangensaft (von den Orangen)
1 TL Zitronensaft
Salz
frisch gemahlener Pfeffer
1–2 Msp. Zucker

Zubereitungszeit:
35 Minuten

Pro Portion:
E: 15 g, F: 34 g, Kh: 12 g, kJ: 1827, kcal: 437

FRUCHTIG

1 Radicchio putzen, waschen, abtropfen lassen und in Stücke zupfen. Von dem Feldsalat die Wurzelenden so abschneiden, dass die Blätter noch zusammenhalten. Schlechte Blätter entfernen, den Salat gründlich waschen und abtropfen lassen.

2 Die unbehandelte Orange heiß waschen, abtrocknen und die Schale mit Hilfe eines Zestenreißers abschälen oder die Schale mit einem scharfen Messer dünn abschälen und in feine Streifen schneiden. Die Orangenschalenstreifen beiseite stellen.

3 Alle Orangen so schälen, dass die weiße Haut mit entfernt wird und die Filets herausschneiden, dabei den Saft für die Sauce auffangen.

4 Aus den Käsescheiben mit Hilfe von Ausstechförmchen beliebige Motive ausstechen (z. B. Spielkartenmotive) oder den Käse in Rauten oder Quadrate schneiden.

5 Für die Sauce Sahne cremig aufschlagen. Orangen- und Zitronensaft und Orangenschale unterrühren. Die Sauce mit Salz, Pfeffer und Zucker würzen und in eine Salatschüssel füllen. Die Salatzutaten locker darauf verteilen. Oder die Salatzutaten kurz vor dem Verzehr mit der Sauce mischen.

Abwandlung: *Für einen **Käse-Fenchel-Salat** anstelle von Radicchio und Feldsalat 500 g Fenchelknollen verwenden. Von den Knollen die Stiele dicht oberhalb der Knollen abschneiden, braune Stellen und Blätter entfernen, die Wurzelenden gerade schneiden, die Knollen waschen, halbieren und in dünne Streifen schneiden. Fenchelstreifen, Käsemotive und Orangenfilets auf einer Platte anrichten und mit der Sauce servieren.*

Zucchinisalat mit gebratenem Mozzarella

Zutaten

500 g Zucchini
½ TL Salz
150 g Staudensellerie
2 rote Paprikaschoten (je 200 g)
1 mittelgroßer Kopf Römersalat
2 EL Olivenöl
frisch gemahlener Pfeffer
gemahlener Kreuzkümmel (Cumin)

Für die Sauce:
3–4 EL Rotweinessig
Salz
5–8 EL Olivenöl

Für den Mozzarella:
250 g Mozzarella-Käse
3 Eiweiß (Größe M)
½ TL Salz
2 EL Weizenmehl
50 g helle geschälte Sesamsamen
50 g dunkle Sesamsamen
6 EL Speiseöl

Zubereitungszeit:
50 Minuten

Pro Portion:
E: 24 g, F: 60 g, Kh: 14 g, kJ: 2984, kcal: 713

FÜR GÄSTE

1 Zucchini waschen, abtrocknen, die Enden abschneiden und Zucchini in Scheiben schneiden. Die Zucchinischeiben mit Salz mischen und etwa 10 Minuten stehen lassen.

2 In der Zwischenzeit Staudensellerie putzen (die Blätter beiseite legen, abspülen und abtropfen lassen), waschen, die harten Außenfäden abziehen und die Stangen in dicke Scheiben schneiden.

3 Paprikaschoten halbieren, entstielen, entkernen, die weißen Scheidewände entfernen, die Schoten waschen und in Würfel schneiden. Römersalat putzen, waschen, trockenschleudern und in breite Streifen schneiden.

4 Die Zucchinischeiben trockentupfen. Öl in einer Pfanne erhitzen. Die Zucchinischeiben darin portionsweise anbraten. Bei der letzen Portion Paprikawürfel hinzufügen und kurz mit braten. Zucchinischeiben, Paprikawürfel und Selleriescheiben in eine große Schüssel geben und mit Pfeffer und Kreuzkümmel würzen.

5 Für die Sauce Essig mit Salz und Pfeffer verrühren. Öl unterschlagen. Das Gemüse mit der Sauce mischen.

6 Für den Mozzarella Mozzarella trockentupfen und in dicke Streifen schneiden. Eiweiß und Salz mit einer Gabel verquirlen. Mehl und beide Sesamsorten getrennt auf Teller geben. Die Mozzarellascheiben nacheinander in Mehl, Eiweiß und hellem oder dunklem Sesam wenden und gut andrücken.

7 Öl in einer Pfanne erhitzen. Mozzarellastreifen in mehreren Portionen darin bei mittlerer Hitze braten und auf Küchenpapier kurz abtropfen lassen.

8 Salatstreifen unter die Gemüsemischung heben und portionsweise auf Tellern anrichten. Mozzarella darauf legen und den Salat mit den zurückgelassenen Sellerieblättern garnieren.

Käsesalat mit Putenbrust

Zutaten

1 Bund Frühlingszwiebeln
3 Fleischtomaten
200 g geräucherte Putenbrust
150 g Holland-Schnittkäse, z. B. Gouda

Für die Sauce:
150 g Naturjoghurt
½ Becher (75 g) Crème fraîche
1 EL Salatmayonnaise
3–4 EL Tomatenketchup
Salz
frisch gemahlener Pfeffer
1 TL Zucker
1–2 EL Zitronensaft
1 EL Schnittlauchröllchen

Zubereitungszeit:
50 Minuten

Pro Portion:
E: 23 g, F: 20 g, Kh: 12 g, kJ: 1389, kcal: 332

RAFFINIERT

1 Frühlingszwiebeln putzen, waschen und in 5–6 cm lange Stücke schneiden. Die Zwiebelstücke beidseitig so einritzen, dass sie in der Mitte noch zusammenhängen. Zwiebelstücke 10–15 Minuten in kaltes Wasser legen, bis sie dekorativ aufspringen.

2 In der Zwischenzeit Tomaten waschen, abtropfen lassen, kreuzweise einschneiden, kurz in kochendes Wasser legen und in kaltem Wasser abschrecken. Tomaten enthäuten, die Stängelansätze herausschneiden und Tomaten in schmale Streifen schneiden.

3 Putenbrust in etwa ½–1 cm breite Streifen schneiden. Käsescheiben entrinden und erst in etwa 3 cm breite Stücke, dann in Dreiecke schneiden.

4 Frühlingszwiebelstücke gut abtropfen lassen oder trockentupfen und mit den übrigen Salatzutaten in einer Schüssel mischen.

5 Für die Sauce Joghurt mit Crème fraîche, Mayonnaise und Tomatenketchup verrühren und mit Salz, Pfeffer, Zucker und Zitronensaft würzen. Schnittlauchröllchen unterrühren. Die Salatzutaten vorsichtig mit der Sauce mischen.

Beilage: *Vollkornbrot oder Baguette.*

Tipp: *Den Salat nach Belieben auf einigen gewaschenen, gut abgetropften Eisbergsalatblättern anrichten und mit rosa Pfefferbeeren bestreut servieren.*

Käsesalat mit Himbeeren und Bacon

Zutaten

1 kleiner Kopf Eisbergsalat
200 g Himbeeren
250 g Mai-Gouda-Käse
12 Scheiben Frühstücksspeck (Bacon)
1 EL Speiseöl

Für die Sauce:
4–6 EL Himbeeressig
3–5 EL Wasser
Salz
frisch gemahlener Pfeffer
etwas Zucker
4 EL Speiseöl

Zubereitungszeit:
30 Minuten

Pro Portion:
E: 23 g, F: 80 g, Kh: 6 g,
kJ: 3654, kcal: 873

SCHNELL

1 Eisbergsalat putzen, waschen, gut abtropfen lassen und in feine Streifen schneiden.

2 Himbeeren verlesen (nicht waschen). Käse entrinden und würfeln. Die vorbereiteten Zutaten vorsichtig mischen und auf Portionstellern anrichten.

3 Frühstücksspeckscheiben längs in Streifen schneiden. Öl in einer beschichteten Pfanne erhitzen. Die Speckstreifen darin kross ausbraten. Den Speck auf Küchenpapier abtropfen lassen, nach Belieben aufrollen und auf den Salatportionen verteilen.

4 Für die Sauce Essig mit Wasser, Salz, Pfeffer und Zucker verrühren. Öl unterschlagen. Die Sauce über den Salat geben und den Salat sofort servieren.

Tipp: *Der Salat passt gut zu gebratener Entenbrust oder zu Bauernbrot.*
Anstelle von Eisberg- können Sie auch Römersalat verwenden.

Abwandlung: *Die Salatsauce schmeckt auch lecker zu einem* ***Käsesalat mit Porree und Tomaten.*** *Dazu 600 g Porree (Lauch) putzen, waschen, in 3–4 cm lange Stücke schneiden, in Salzwasser 2–3 Minuten kochen, in ein Sieb geben, mit kaltem Wasser übergießen und gut abtropfen lassen. 300 g Cocktailtomaten waschen, abtrocknen und halbieren. 250 g Ziegenkäse oder Mai-Gouda entrinden und in Würfel schneiden. Die vorbereiteten Zutaten in einer Schüssel mit der Sauce mischen und etwas durchziehen lassen.*

Geraspelter Salat mit Ziegenfrischkäse-Klößchen

Zutaten

250 g Möhren
200 g Knollensellerie
400 g Zucchini
1 Bund glatte Petersilie

Für die Sauce:
3–4 EL Zitronensaft
Salz
frisch gemahlener Pfeffer
etwas Zucker
4 EL Olivenöl

Für die Frischkäse-Klößchen:
100 g abgezogene, gehobelte Mandeln
200 g Ziegenfrischkäse
1 TL Olivenöl

Zubereitungszeit:
35 Minuten, ohne Durchzieh- und Abkühlzeit

Pro Portion:
E: 13 g, F: 41 g, Kh: 10 g, kJ: 2059, kcal: 492

RAFFINIERT

1 Möhren und Sellerie putzen, schälen und waschen. Zucchini waschen, abtrocknen und die Enden abschneiden. Das vorbereitete Gemüse auf der Haushaltsreibe raspeln. Petersilie kalt abspülen, trockentupfen und die Blättchen von den Stängeln zupfen. Die vorbereiteten Zutaten in eine Schüssel geben.

2 Für die Sauce Zitronensaft mit Salz, Pfeffer und Zucker verrühren. Öl unterschlagen. Die Salatzutaten mit der Sauce mischen und den Salat etwa 30 Minuten durchziehen lassen.

3 In der Zwischenzeit für die Frischkäse-Klößchen Mandeln in einer Pfanne ohne Fett bei schwacher Hitze goldbraun rösten, auf einen Teller geben und abkühlen lassen.

4 Ziegenfrischkäse mit Öl und etwas Pfeffer verrühren. Mit Hilfe von zwei kalt abgespülten Teelöffeln etwa 16 kleine Klöße daraus abstechen. Die Klöße sofort in den Mandeln wälzen und bis zum Servieren kalt stellen.

5 Den Salat auf Tellern anrichten und mit den Klößchen servieren.

Tipp: *Anstelle von Ziegenfrischkäse können Sie ersatzweise auch Doppelrahmfrischkäse verwenden.*

Abwandlung: *Nach Belieben zusätzlich 400 g Tomaten waschen, abtrocknen, die Stängelansätze herausschneiden, Tomaten in Scheiben schneiden und auf einer Platte verteilen. Den Salat und die Klößchen darauf anrichten.*

Frühlingssalat mit Kresse

Zutaten

Foto

400 g gekochte Pellkartoffeln
je 1 kleine rote und grüne Paprikaschote
½ Kopf Endivien- oder Kopfsalat
250 g Mai-Gouda-Käse, in dicken Scheiben
1 Bund Kresse
1 Kästchen rote Daikonkresse

Für die Sauce:
1 TL Dijon-Senf
3–4 EL Essig
Salz, Pfeffer, etwas Zucker
5–6 EL Speiseöl

Zubereitungszeit:
45 Minuten

Pro Portion:
E: 18 g, F: 34 g, Kh: 22 g, kJ: 2036, kcal: 486

VEGETARISCH

1 Kartoffeln pellen und in Scheiben schneiden. Von den Paprikaschoten am Stielende einen Deckel abschneiden und mit Hilfe eines Löffels die Kerne und die weißen Scheidewände entfernen. Die Paprikaschoten waschen, abtrocknen und in Ringe schneiden.

2 Salat putzen, waschen, trockenschleudern und in kleine Stücke zupfen. Goudascheiben entrinden und in Quadrate schneiden.

3 Beide Kressesorten kalt abspülen, trockentupfen und die Blättchen von den Stängeln schneiden. Die vorbereiteten Zutaten auf einer Platte verteilen.

4 Für die Sauce Senf mit Essig, Salz, Pfeffer und Zucker verrühren. Öl unterschlagen. Die Sauce über die Salatzutaten geben.

Tipp: *Den Salat nach Belieben mit Kapuzinerkresse-Blüten garnieren.*
Daikonkresse erinnert im Geschmack an Kreuzkümmel (Cumin).

Roggensalat mit Feta

Zutaten

180 g Roggenkörner
1 Stange Porree (Lauch)
1 Bund Radieschen
125 g Fetakäse
1 Bund Schnittlauch

1 Die Roggenkörner in Wasser einige Stunden oder über Nacht in Wasser einweichen.

2 Den Roggen mit dem Einweichwasser in einen Topf geben, zum Kochen bringen und in etwa 40 Minuten weich kochen. Den Roggen dann in ein Sieb geben und abtropfen lassen.

(Fortsetzung Seite 114)

Für die Sauce:
2–3 EL Weinessig
½ TL Apfeldicksaft
2–3 EL Wasser
Salz, Pfeffer
4 EL Sonnenblumenöl

Zubereitungszeit:
50 Minuten, ohne Einweichzeit

Pro Portion:
E: 11 g, F: 17 g, Kh: 30 g, kJ: 1396, kcal: 334

VEGETARISCH

3 In der Zwischenzeit Porree putzen, gründlich waschen, in feine Scheiben schneiden und in Ringe teilen. Radieschen putzen, waschen und ebenfalls in feine Scheiben schneiden. Fetakäse in kleine Würfel schneiden. Schnittlauch kalt abspülen, trockentupfen und in Röllchen schneiden. Die vorbereiteten Zutaten (außer Schnittlauch) in einer Schüssel mischen.

4 Für die Sauce Essig mit Apfeldicksaft, Wasser, Salz und Pfeffer verrühren. Öl unterschlagen. Die Salatzutaten mit der Sauce vermengen. Den Salat mit Schnittlauchröllchen bestreut servieren.

Tipp: *Der Salat schmeckt auch lecker, wenn Sie anstelle von Fetakäse Tofu verwenden. Tofu ebenfalls in Würfel schneiden und etwa 30 Minuten in der Sauce marinieren, bevor die übrigen Zutaten untergemischt werden.*

Tête de moine mit Rohkost

Zutaten

Foto

1 Bund Rucola (Rauke, etwa 200 g)
½ Kopfsalat
je 1 rote, grüne und gelbe Paprikaschote
5 Stangen Staudensellerie
6 EL Walnussöl
3 EL Himbeeressig
Salz, Pfeffer
1 kleiner Tête de moine (Mönchskopfkäse)

Zubereitungszeit:
50 Minuten

Pro Portion:
E: 16 g, F: 30 g, Kh: 8 g, kJ: 1595, kcal: 381

RAFFINIERT

1 Rucola verlesen, waschen und trockenschleudern. Von dem Kopfsalat die äußeren Blätter entfernen, die übrigen vom Strunk lösen, die großen Blätter teilen und die Herzblättchen ganz lassen. Den Salat waschen und trockenschleudern.

2 Paprikaschoten halbieren, entstielen, entkernen, die weißen Scheidewände entfernen, die Schoten waschen und in dünne Streifen schneiden. Staudensellerie putzen, waschen, die harten Außenfäden abziehen und die Stangen in dünne Scheiben schneiden.

3 Die vorbereiteten Zutaten auf Tellern anrichten, mit Öl und Essig beträufeln und mit Salz und Pfeffer bestreuen.

4 Den Käse mit Hilfe eines Mönchskopfschabers (Girolle, im Foto hinten) zu Rosetten formen. Die Käserosetten auf dem Salat anrichten.

Tipp: *Der Mönchskopfkäse (Tête de moine) entfaltet seinen Geschmack erst richtig, wenn er nicht geschnitten, sondern mit Hilfe eines speziellen Schabers geschabt wird.*
Anstelle von Tête de moine können Sie die Rohkost auch mit anderem Käse, wie z. B. fein gehobeltem Parmesan-Käse servieren.

Potpourri-Salat

Zutaten

3 kleine Zwiebeln
etwa 6 Champignons
1 Bund Radieschen
1 roter Apfel
2 hart gekochte Eier
1 kleine Dose Mandarinenspalten (Abtropfgewicht 175 g)

Für die Sauce:
3 EL Zitronensaft
Salz
frisch gemahlener Pfeffer
etwas Zucker
4 EL Olivenöl
1 EL gehackte Kräuter, z. B. Kerbel, Estragon, Liebstöckel, Basilikum

1 Kopfsalat

Zubereitungszeit:
40 Minuten, ohne Durchziehzeit

Pro Portion:
E: 6 g, F: 16 g, Kh: 16 g, kJ: 1010, kcal: 241

VEGETARISCH

1 Zwiebeln abziehen. Champignons putzen, mit Küchenpapier abreiben und evtl. abspülen. Radieschen putzen und waschen. Apfel waschen, abtrocknen, vierteln und entkernen. Die vorbereiteten Zutaten in dünne Scheiben schneiden.

2 Eier pellen und in feine Würfel schneiden. Mandarinenspalten in ein Sieb geben und abtropfen lassen.

3 Für die Sauce Zitronensaft mit Salz, Pfeffer und Zucker verrühren. Öl unterschlagen. Die Kräuter untermischen.

4 Zwiebel-, Champignon-, Apfelscheiben, Eierwürfel und Mandarinenspalten mit der Sauce vermengen und einige Zeit durchziehen lassen.

5 Vom Kopfsalat die welken Blätter entfernen, die anderen vom Strunk lösen, große Blätter teilen, Herzblätter ganz lassen. Den Salat waschen und trockenschleudern. Die Salatblätter unter den Salat heben und sofort servieren.

Abwandlung: *Diese einfache Salatsauce passt zu vielen verschiedenen Zutaten. Für einen* ***gemischten Salat mit Feta*** *3 Frühlingszwiebeln putzen, waschen und in Ringe schneiden. Je 1 rote und grüne Paprikaschote halbieren, entstielen, entkernen, die weißen Scheidewände entfernen, die Schoten waschen und würfeln. ½ Salatgurke waschen, abtrocknen, die Enden abschneiden und die Gurke in Würfel schneiden. 1 kleine Dose Gemüsemais (Abtropfgewicht 140 g) abtropfen lassen. 2 Tomaten waschen, abtrocknen, halbieren, die Stängelansätze herausschneiden und Tomaten in Stücke schneiden. 200 g Fetakäse würfeln. Die vorbereiteten Zutaten und 10 schwarze Oliven in einer Schüssel mit der Sauce mischen und etwas durchziehen lassen.*

Schichtsalat

Zutaten

4–6 Portionen

4 Eier
1 Glas Selleriesalat (Abtropfgewicht 190 g)
1 Dose Gemüsemais (Abtropfgewicht 285 g)
1 Dose Ananasscheiben (Abtropfgewicht 480 g)
2 säuerliche Äpfel
1 Stange Porree (Lauch)
200 g gekochter Schinken, in Scheiben

Für die Sauce:
1 kleines Glas (250 g) Miracel Whip oder Salatmayonnaise
200 ml Schlagsahne

Zubereitungszeit:
60 Minuten, ohne Durchziehzeit

Pro Portion:
E: 19 g, F: 39 g, Kh: 33 g, kJ: 2479, kcal: 592

GUT VORZUBEREITEN

1 Eier in etwa 10 Minuten hart kochen, abgießen, mit kaltem Wasser abschrecken und etwas abkühlen lassen. Die Eier dann pellen und in Scheiben schneiden.

2 Selleriesalat, Mais und Ananasscheiben getrennt in Sieben abtropfen lassen. Ananas in Streifen schneiden.

3 Äpfel waschen, abtrocknen, vierteln, entkernen und quer in Spalten schneiden. Porree putzen, gründlich waschen und in feine Ringe schneiden. Schinken in Streifen schneiden.

4 Für die Sauce Miracel Whip oder Mayonnaise und Sahne verrühren.

5 Die Zutaten abwechselnd mit der Sauce in eine hohe Glasschüssel schichten. Die Schüssel mit Klarsichtfolie zudecken und den Salat etwa 12 Stunden durchziehen lassen.

Tipp: *Nach Belieben glatte Petersilie oder Kerbel mit einschichten.*
Bevor Sie mit dem Schichten beginnen, den Boden der Schüssel mit Kresse ausstreuen.
Zum Schichten eignen sich auch Eisbergsalat, Tomaten, Gurken, Möhren, Erbsen, Paprika.

Abwandlung: *Der Salat schmeckt auch mit einer* ***Cocktailsauce*** *sehr gut. Dazu 150 g Naturjoghurt mit 1 Becher (150 g) Crème fraîche, 2–3 Esslöffeln Salatmayonnaise und 2 Esslöffeln Tomatenketchup verrühren und mit Salz und Pfeffer würzen. Nach Belieben zusätzlich 1 Esslöffel Weinbrand unterrühren.*

Eiersalat mit frittierten Möhren

Zutaten

400 g Möhren
1 TL Salz
6 Eier
1 Bund Radieschen (etwa 200 g)
½ Bund Schnittlauch

Für die Sauce:
2 EL körniger Senf
2 EL Wasser
1 EL Balsamico-Essig
1–2 TL flüssiger Honig
Salz
frisch gemahlener Pfeffer
4–6 EL Olivenöl

Zum Frittieren:
250 ml (¼ l) Speiseöl
3 EL Weizenmehl

Zubereitungszeit:
45 Minuten, ohne Durchziehzeit

Pro Portion:
E: 14 g, F: 38 g, Kh: 13 g, kJ: 1972, kcal: 471

RAFFINIERT

1 Möhren putzen, schälen, waschen und auf dem Gemüsehobel in sehr dünne Streifen (Julienne) schneiden. Die Möhrenstreifen mit dem Salz mischen und etwa 30 Minuten stehen lassen.

2 In der Zwischenzeit Eier 6–8 Minuten kochen, in kaltem Wasser abschrecken, pellen und sechsteln.

3 Radieschen putzen, dabei die kleinen, zarten Blätter beiseite legen. Radieschen waschen und in Scheiben schneiden. Die Radieschenblättchen waschen, trockentupfen und in Streifen schneiden. Schnittlauch kalt abspülen, trockentupfen und in lange Röllchen schneiden.

4 Für die Sauce Senf mit Wasser, Balsamico-Essig, Honig, Salz und Pfeffer verrühren. Öl unterschlagen.

5 Zum Frittieren Öl in einer Pfanne erhitzen. Möhrenstreifen gut ausdrücken und portionsweise mit Mehl mischen. Möhren in ein Sieb geben und überflüssiges Mehl abschütteln. Die Möhrenstreifen in mehreren Portionen im Öl goldbraun frittieren und auf Küchenpapier abtropfen lassen.

6 Die Möhrentreifen auf Teller verteilen. Eiersechstel und Radieschenscheiben darum verteilen, mit Radieschenblättern und Schnittlauchröllchen bestreuen und mit der Sauce beträufeln. Den Salat sofort servieren.

Tipp: *Der Salat eignet sich auch gut als Vorspeise. Dann reicht er für 6 Portionen.*

Griechischer Bauernsalat

Zutaten

1 Salatgurke
6 Tomaten
½ Gemüsezwiebel
(etwa 125 g)
200 g Schafkäse
75 g schwarze Oliven

Für die Sauce:
2 EL Weißweinessig
Salz
frisch gemahlener Pfeffer
6 EL Olivenöl

Zum Bestreuen:
einige Oregano- oder
Majoranstängel

Zubereitungszeit:
25 Minuten

Pro Portion:
E: 2 g, F: 21 g, Kh: 6 g,
kJ: 965, kcal: 231

KLASSISCH

1 Gurke schälen, längs halbieren, nach Belieben mit Hilfe eines Löffels die Kerne entfernen und die Gurke in dünne Scheiben schneiden. Tomaten waschen, abtrocknen, halbieren, die Stängelansätze herausschneiden und die Tomaten in Stücke schneiden.

2 Gemüsezwiebel abziehen und erst in Scheiben schneiden, dann in Ringe teilen. Schafkäse in dünne Scheiben schneiden. Die vorbereiteten Zutaten vorsichtig mit den Oliven vermischen und auf Tellern anrichten.

3 Für die Sauce Essig mit Salz und Pfeffer verrühren. Öl unterschlagen. Die Sauce über die Zutaten verteilen.

4 Oregano oder Majoran kalt abspülen, trockentupfen, die Blättchen von den Stängeln zupfen und über den Salat streuen.

Tipp: *Den Salat nach Belieben auf einigen gewaschenen Blättern Römersalat anrichten.*
Anstelle der frischen Kräuter können Sie ersatzweise auch getrocknete Kräuter verwenden.

Beilage: *Frisch aufgebackenes Fladenbrot.*

Kapitelregister

Salate mit Gemüse & Blattsalaten

Salate mit Nudeln, Kartoffeln, Reis & Co.

Salate mit Fleisch & Wurst

Kapitelregister

Salate mit Fisch & Meeresfrüchten

Salate mit Käse & Eiern

Alphabetisches Register

Alphabetisches Register

Umwelthinweis: Dieses Buch und der Einband wurden auf chlorfrei gebleichtem Papier gedruckt. Die Einschrumpffolie – zum Schutz vor Verschmutzung – ist aus umweltfreundlichem und recyclingfähigem PE-Material.

Wenn Sie Rezeptanregungen, Vorschläge oder Fragen zu unseren Büchern haben, rufen Sie uns unter folgender Nummer an (05 21) 1 55 25 80 oder 52 06 45 oder schreiben Sie uns: Dr. Oetker Verlag KG, Am Bach 11, 33602 Bielefeld.

Copyright: © 2002 by Dr. Oetker Verlag KG, Bielefeld

Redaktion: Eva-Maria Dammeier

Titelfoto: Thomas Diercks, Hamburg

Innenfotos: Hans-Joachim Schmidt, Hamburg
Thomas Diercks, Hamburg
Brigitte Wegner, Bielefeld
Norbert Toelle, Bielefeld
Niederländisches Büro für Milcherzeugnisse, Rijswijk, Niederlande

Rezeptentwicklung und -beratung: Anke Rabeler, Hamburg
Mechthild Plogmaker, Bielefeld

Grafisches Konzept: Björn Carstensen, Hamburg
Gestaltung: KonturDesign GmbH, Bielefeld
Einbandgestaltung: KonturDesign GmbH, Bielefeld

Reproduktionen: Repro Schmidt, Dornbirn, Österreich
Satz: Typografika, Bielefeld
Druck: APPL Druck GmbH & Co. KG, Wemding

Die Autoren haben dieses Buch nach bestem Wissen und Gewissen erarbeitet. Alle Rezepte, Tipps und Ratschläge sind mit Sorgfalt ausgewählt und geprüft. Eine Haftung des Verlages und seiner Beauftragten für alle erdenklichen Schäden an Personen, Sach- und Vermögensgegenständen ist ausgeschlossen.

Nachdruck, auch auszugsweise, nur mit unserer ausdrücklichen Genehmigung und mit Quellenangabe gestattet.

ISBN 3-7670-0286-8